GANZ UND GAR

MANN SEIN

!

Impressum

© 2023 Thomas Rüedi (Update)

Erste Veröffentlichung 2020

Website: www.ganzheitliches-institut-schweiz.ch

Coverdesign und Illustration von: Thomas Rüedi

ISBN Taschenbuch: 978-3-347-01005-5
ISBN Hardcover: 978-3-347-01006-2
ISBN e-Book: 978-3-347-01007-9

Verlagslabel: Swiss Holistic Institute
Druck und Distribution im Auftrag des Autors:
tredition GmbH, Heinz-Beusen-Stieg 5, 22926 Ahrensburg, Germany

Das Werk, einschließlich seiner Teile, ist urheberrechtlich geschützt. Für die Inhalte ist der Autor verantwortlich. Jede Verwertung ist ohne seine Zustimmung unzulässig.
Die Publikation und Verbreitung erfolgen im Auftrag des Autors, zu erreichen unter: Ganzheitliches Institut Schweiz, Via Ardisla 13, 7013 Domat/Ems, Schweiz

Bildnachweise:
Colourbox: 4269624.jpg
iStock.com: 846212084 / 510617393 / 494398757
Publicdomainpictures.net / Karen Arnold / Four Elements
Mother Nature Network 2013 / kilauea_volcano.jpg
IAK GmbH, Forum International, 2012 / Integrative Neurokardiologie, Marco Rado
Adobe Stock: 3020534 / 320288713 / 71382260 / 145966895
Pinterest: 490048003186447713

Thomas Rüedi

GANZ UND GAR MANN SEIN

Eine elementare Reise in die e - Mann-zipation

auch für hochsensible Männer

Ich möchte dieses Buch der
Schweizerischen und internationalen Männerbewegung widmen.

Auf dem Weg zu diesem Buch
bin ich von vielen Männern und Frauen begleitet worden.

Mein inniger Dank geht an meinen Freund Patrick,
an meinen „Alien of the ridge"-Bruder Bob,
an meinen verstorbenen Mentor Emil (†),
an Arno, an Björn, Dhwani, Marco und Robert,
an meine Eltern Kurt + Bigna (†),
meine Brüder Andrea und Felix,
an meine Ex-Frau Erika,
an viele Männer der Männerbewegung in der Schweiz,

die mich alle auf ihre Weise inspiriert haben,
dieses Buch zu schreiben.

Inhaltsangabe:

Inhaltsangabe: 7
Vorwort: 10
1. Kapitel: Grundlagen 21
    Orientierung in einer radikalen Ganzheit 21
    Gender 25
    Der „Hochsensible Mann" - HSM 26
    Mit innerer Arbeit den Boden für eine aktuelle, männliche Identität legen .. 27
    Der elementare Weg ins Mann-sein 32
2. Kapitel: Prägende Erfahrungen aus dem Herzenskriegertraining 35
3. Kapitel: Mut zu einer aktuellen, männlichen, kraftvollen Identität ... 38
4. Kapitel: Die Suche nach dem Vater als Initiationsweg 42
5. Kapitel: Die „innere, kollektive und Initiations-Arbeit" in der Männergruppe - Geschlechterdialog 46
6. Kapitel: Die „innere Männerarbeit" mit sich selbst - „im eigenen Saft schmoren" 51
7. Kapitel: Eine Reise in die Elemente - in die elementaren Kräfte des Mann-seins: 59
8. Kapitel: Das Element FEUER = der feurige, lebenswütige, sexuelle, wilde Mann 64
    Feuerlaufen 67
    Ein feuriges Gefährt 68
    Der wilde Mann in dir 70
    Der Schatten des nicht gelebten, wilden Mannes 72
    Das Licht im Feuer - Begeisterung - Freude 73
    Die Hitze im Feuer - der Mut zur Wut als Lebenskraft (ohne Gewalt) 75
    Marsianische und plutonische Aggression 79
    Gewalt 81
    Die Herzens-Wut-Übung 85
    Sexualität 90
    Sexualität und Zeugungskraft als Kreativität leben 96
    Schattenaspekte der Sexualität - Missbrauch 97
13. Kapitel: Das Element ERDE = der körperliche, geerdete, genährte, sinnliche, beheimatete Mann 103

Sich mit dem Element ERDE in der Erde erden 105
Der physische Körper 106
Uns um unser Bauchgefühl kümmern 110
Sport, Fitness und Bewegung 112
Der subtile oder energetische Körper 117
Selbst-Fürsorge 119
Wo bin ich als Mann zuhause? 120
Meine Geschichte zum Thema „zuhause sein" 124
Die Nahrung und das Genährt-sein 126
Esskultur - Lebensmittel, Slow oder Fast food? 127
Der ganz bewusste „Stuhl-Gang" 130
Berührung, Sinnlichkeit und Nähe 131
Sexualität mit Intimität und Berührung 134
Ein Schatten der Erde: „das Grounding des Mannes" 135
Schattenarbeit Erde 2: Scham und Beschämung 137

10. Kapitel: Das Element WASSER = der humorvolle, herzoffene, emotionale, fürsorgliche, flexible Mann 140

Emotionen, Gefühle ausdrücken - emotionale Intelligenz 141
Der herb-männlicher Umgang und Humor 142
Unseren weiblichen Teil entdecken 143
Unsere sanfte, gefühlvolle Seite entdecken 144
Gefühlsmässige Selbstfürsorge - Fürsorglichkeit für andere 147
Das innere Kind 149
Emotionale Abnabelung 150
Mann, öffne dein Herz 153
Das emotionale Intelligenz-Training mit Hilfe von High Tech 154
Psychohygiene - zur Ruhe kommen 158
Im Männer-Tagebuch schreiben 160
Das tiefe Gespräch unter Männern 161
Flexibilität und Toleranz 162
Dankbarkeit empfinden und ausdrücken - samt Schatten 165

4. Kapitel: Das Element LUFT = der atmende, wissende, verstehende, integrale, geistige Mann 168

Der Geist - unsere mentale, kognitive Kraft - und sein Schatten 169
Standpunkte in der 5-Elemente-Männerarbeit 172
Die integrale Sichtweise - Growing up 174
Gleichstellung der Geschlechter 177
Männliche Identität und Integrität: 179
Mann-sein als mittlerer Weg 185
Der Atem - Geben und Nehmen 186
Die Leichtigkeit des Seins 189

    Der Schatten der Leichtigkeit - das Leichtgewicht 191
    Riechen und Duften: 192
    Als Mann eine Vision haben 194
    Das Labyrinth als initiatischer Weg 197
    Lebensweisheit - geistig weise Männer 200

12. Kapitel: das Element RAUM / QUINT-ESSENZ = der spirituelle, sehende, in sich ruhende, weise Mann 203

    Das fünfte Element = Quintessenz 203
    Mann und Spiritualität 204
    Spiritualität erfahren - mit Hilfe unseres Körpers 205
    Spiritualität erfahren - mit Hilfe des Geistes 206
    Meine persönliche, spirituelle Geschichte 208
    Meditation 209
    Ausflug in den tibetischen Buddhismus - Dzogchen 211
    Kontemplation 212
    Weisheit (weibliches Prinzip) und Methode (männliches Prinzip) 214
    Der weise Mann 216
    Integrale Spiritualität 220
    Das spirituelle Herz 221
    Deine Mediationsecke 222
    Die 4-Schritte-Meditation 223
    Schattenaspekte des Elementes Raum/Quintessenz 225

13. Kapitel: GANZ UND GAR MANN SEIN - Aufbruch in eine vollblütiges, kraft-strotzendes, wildes, liebevolles und reifes Mann sein 228

Literaturhinweise und Links: 238

Vorwort:

> „Bis heute haben nur die wenigsten von uns Männern wirklich gewählt ... gewählt sich ganz bewusst aufzumachen auf den Weg zu einer neuen, aktuellen Identität als Mann!"

Ich möchte mit dem folgenden Sprichwort von meinem (in den letzten Jahren verstorbenen Freund und Lehrer Emil Neff[1] dieses Buch einleiten:

> *„Wir wählen immer - auch wenn wir nicht wählen, wählen wir ...!"*

Am Anfang steht für mich das Erleben in der heutigen Zeit, dass ich selber und viele Männer bewusst oder unbewusst registriert haben, dass ihre Rolle und Identität als Mann in sich und in der heutigen Gesellschaft aufgebrochen ist. Gleichzeitig gibt es auch eine beachtliche Gruppe von Männern, die sich diesbezüglich auf das komplette Ignorieren dieser Aktualität verlegt haben und sich noch in einem tiefen und festen „Winterschlaf" befinden – so nach dem Motto „Was ich nicht weiss, macht mich nicht heiss" oder „Gibt es ein Problem?"...

Seit der Emanzipationsbewegung der Frauen hat sich die – seit Jahrhunderten oder gar seit Jahrtausenden – doch recht klar definierte Rolle und Identität von uns Männern verändert, sie scheint irgendwie unerklärlich abhanden gekommen sein, sie ist nicht mehr das, was sie mal war. Verunsicherung greift um sich bei uns Männern, aber auch bei den Frauen. Diese Veränderung und dieser Aktualisierungsprozess dauern bis heute an, sind wichtig, notwendig und sinnvoll und wir sind unseren Frauen-Kolleginnen als Gegenüber dankbar, dass sie diejenigen waren, die diesen Prozess mit grosser Kraft angestossen haben, gebrochen haben mit alten Mustern und uns vorangegangen sind.

Wir Männer leben also schon seit Längerem in einem uns meistens nicht bewussten Zustand des Nicht-Wählens, der Improvisation, des

Suchens nach dem, was uns verloren gegangen ist, bzw. nach etwas Neuem. Selbst diejenigen Männer unter uns, die sich diesem Männer-Emanzipations-Prozess bewusst gestellt haben, finden sich oft in der Situation wieder, als Mann mit einem konstanten Suchlauf unterwegs zu sein und nur sehr wenige gelebte Vorbilder in seinem Umfeld vorzufinden. Diese Vorbilder sind Männer, die sich erfolgreich einerseits von der alten „Patriarchen-Macho-Kotzbrocken"-Rolle, aber auch andererseits von der als Reaktion darauf auch kulturell entstandenen, nicht weniger problematischen „Nice-Guy-Mollusken"-Nummer verabschiedet haben. Diese handverlesenen Männer-Vorbilder sind schon vor Jahren verdienstvollerweise aus dem Tiefschlaf erwacht und haben meist aus einer eigenen persönlichen Not heraus sich auf den Weg gemacht, eine neue, aktuelle, starke, fürsorgliche und authentische Identität und Rolle als Mann zu finden. Die Erfolgreichsten dürften dabei diejenigen gewesen sein, die gemäss dem Gedicht von Pablo Picasso [2] nicht danach gesucht, sondern gefunden haben bzw. vom Neuen gefunden wurden; also nicht im Alten einfach die schon bekannten Antworten wiedergekaut haben, sondern wirklich im komplett Neuen, in einem echten sog. Schwellenraum etwas ganz Neues gefunden haben. Es geht also um das Finden, Erspüren, Erarbeiten und Umsetzen einer typisch männlichen Emanzipation, um einen ureigenen Prozess, der nur dann kraftvoll und erfolgreich ist, wenn er völlig eigenständig und eigendynamisch ist und nicht als Abklatsch der Frauenemanzipation daherkommt.

Was mich heute ganz grundsätzlich beschäftigt als Mann, älterer Mann und Elder unserer Gesellschaft, Ex-Co-Präsident des Vereins maenner.gr und Gründer von „Ganz-und-Gar-Mann-sein", ist, dass es einerseits nach dem notwendigen Platzen einer gesellschaftlich gereiften „Eiterbeule" über die meetoo# - Welle im Jahre 2018 – die zu recht männliche Übergriffe anprangerte – und einem in den daran anschliessenden Jahren geführten, daraus resultierenden „Männer-Bashing" mit recht einseitigen Berichterstattungen zu gewalttätigen und sexuell übergriffigen Männern – heute zeigen Untersuchungen, dass zwischen 20 - 25 % der Gewalt überhaupt von Frauen ausgeht (!) – dieser Prozess sich zwar ein bisschen beruhigt hat, jedoch „an

Ort tritt". Die in den Medien, Videos und TV-Filmen dargestellten Männer werden selten - jedoch mehr als auch schon - in sehr guten, positiven Rollen gezeigt; jedoch werden sie oft absichtlich als in ihrer Persönlichkeit unterentwickelte „Looser" (Verlierer) und so auch sehr gerne an der Seite von dominanten, manchmal auch „zickigen" Frauen (Frauen die Männerollen spielen) dargestellt und treten schliesslich auch im Extrem des pervertierten, oft kriminalisierten und gewaltbereiten Machos auf.

Die für mich heute wahrnehmbare, leichte Abnahme der radikalisierten, feministischen Polarisierung, lässt erfreulicherweise ein bereits differenzierteres Bild der Männer zu. Der Tenor scheint mir aber nach wie vor die pauschalisierte, kollektive und mitunter auch sexistische „Herabstufung" des Geschlechtes Mann zu sein. Dem hat die gesellschaftliche und politische Öffentlichkeit in der Schweiz wenig entgegenzusetzen, von einer differenzierten Darstellung der Frauen - bei denen ebenfalls noch ein grösseres Entwicklungspotenzial auszumachen ist - ganz zu schweigen (wahrscheinlich aus Angst vor einer zweiten oder weiteren meetoo#-Welle ?). Wir lesen und hören nur ganz selten einmal über eine gleichgestellte Darstellung von Themen, wie z.B. „toxischer Weiblichkeit", neben der medial beliebten „toxischen Männlichkeit".

Andererseits scheint mir auch die schlichte Freude am Mann-sein bei vielen Institutionen und Autoren der Schweizer Männerbewegung – trotz oder gar wegen sicherlich gut gemeinten und zum Teil sinnvollen, schonungslosen Analysen und wissenschaftlich-soziologischen Untersuchungen zum Thema „Mann" und „Gender" – fast vollständig auf der Strecke geblieben zu sein. Abgesehen von der in der Anfangszeit sich entfaltenden Männerbewegung mit dem Verein **männer.ch** im Jahre 2005 in der Schweiz, die kaum mehr in unserer Gesellschaft wahrnehmbar ist, gibt es einen, in den letzten Jahren neu aufgegangener Stern am Schweizer Männer-Firmament mit dem Namen **„Männer-Netzwerk Schweiz"**[3], bei der das Mann-sein auf eine differenzierte, kraftvolle und positive Art und Weise vorgestellt und mit vielen Angeboten auch gelebt und vertieft werden kann.

Aus der „**männerbewegten Emanzipations-Saftpresse**" sollte meiner Meinung nach ganz am Anfang ein köstlicher, feiner und nährender Saft heraustropfen und uns erquicken, aufstellen, motivieren und in Gang setzen – wie der Saft aus dem Fläschchen der Comix-Figur Asterix ...! Mit der Energie und Freude dieses Saftes in unserem Blut, mit diesem Benzin im Tank oder dieser Energie in unseren Batterien können wir dann tief und gründlich in unsere individuellen und kollektiven Untiefen blicken, Analysen und Recherchen machen, wie denn das Mann-sein heute aussehen soll und was nun zu tun ist – und nicht umgekehrt, sonst ist der Burn-out, die Depression, der „No future"-Frust, die Scham riesengross, nahe und ziemlich gewiss.

Ich hatte das Glück, mit **Björn Thorsten Leimbach**[4] einen solchen Mann, ein **Männer-Vorbild**, zu finden und bei ihm zusammen mit 30 anderen Männern im Jahre 2010 das **Herzenkrieger-Training** zu absolvieren (siehe auch später). Bei diesem Training und auch später als Assistent bei ihm konnte ich mich mal so richtig satt trinken an diesem köstlichen Saft und dieser für mich zentralen Energie und Kraft, diese Freude am Mann-sein kosten, in mich aufnehmen und integrieren. Ich zehre heute noch davon und möchte sie hier auf meine Weise aufleben und weiterleben lassen, nachdem sie in meinem persönlichen, inneren Eichenfass jahrelang gereift ist – und diese Energie und Kraft möchte ich an möglichst viele andere Männer weitergeben ...

Ein weiterer Mann, der für mich ein Männer-Vorbild darstellt, ist **Robert Augustus Masters**[5], ein Amerikaner, der seit vielen Jahren Männerarbeit vom Feinsten leistet, leider nur in den USA. Ich kenne ihn von seinen Büchern, von seinen YouTube-Videos, seiner Homepage und seinem Newsletter, aber habe ihn bisher noch nicht physisch kennenlernen dürfen. Er hat das für mich fundamentale Buch **„TO BE A MAN - A Guide to True Masculine Power"** geschrieben, welches ich mir vor ca. 3 Jahren zum erstem Mal sozusagen auf der Zunge zergehen liess. Wir werden von ihm im Verlauf des vorliegenden Buches mehr hören.

Gut dass wir heute auch in einer Zeit der fast täglich erlebbaren, politischen, männlichen **Anti-Vorbilder** leben – repräsentiert durch einen Teil der sog. „Leader unserer Welt": Donald Trump, Recep Tayyip Erdoğan, Jair Bolsonaro, Wladimir Wladimirowitsch Putin, Benjamin Netanjahu, Baschar al-Assad, Mohammed bin Salman ... es scheint momentan, in einer Welt im Umbruch, geradezu einen „unerschöpflichen Nachschub" an solchen Männern zu geben ...

Sie sind – selbst wenn wir sie nicht persönlich kennen und wir nur auf die Aussagen der Medien abstellen können – für die heutige Männerbewegung Männerfiguren der abschreckenden Sorte, Beispiele dafür, wie Männer in ihren Handlungen und Äusserungen daherkommen, wenn ihre persönliche Entwicklung in mehreren Anteilen unvollständig, ja vielleicht auch schon gescheitert ist. Sie strahlen für einen Teil der Menschen, die sie oft sogar demokratisch als Staatsoberhäupter gewählt haben, in ihren Ländern Macht, Charisma, Sicherheit und Stärke aus, sind jedoch in Tat und Wahrheit in meiner Wahrnehmung meist aggressive, korrupte, despotische, sexistische, unvollständige und machtbesessene Männer, die für mich als lebende Beispiele zeigen, was es heisst, nicht „ganz und gar Mann" zu sein – für uns also Anschauungsunterricht vom Feinsten! Es bleibt jedoch die Frage, wieso so viele Menschen trotzdem auf sie hereinfallen.

Sie zeigen auf jeden Fall den dringenden Bedarf an, dass wir Männer, du und ich, uns aufmachen sollten, um uns zu e-Mann-zipieren und gerade auch in leitenden Positionen es besser zu machen, als sie. Oder?

Gerade in der Zeit, in der ich dieses Buch schreibe, trifft mich (nach leisen Hinweisen der letzten Jahre) fast aus heiterem Himmel die volle Erkenntnis – eine Erkenntnis, deren konkrete Erforschung erst vor 20 Jahren zum ersten Mal ernsthaft begonnen wurde – und Gewissheit, dass es neben sog. „normal-sensiblen" Menschen, Männern und Frauen, auch sog. „hochsensible oder -sensitive" Menschen gibt – und damit die Erkenntnis und Gewissheit, dass ich seit meiner Geburt auch einer von ihnen bin ...

Die Erfahrungen und Forschung rund um diese Thematik zeigen, dass ca. 15–20 % von uns Männern sog. „hochsensitive Männer" sind (man geht heute davon aus, dass es ca. gleich viele hoch-sensitive Frauen gibt). Hochsensitive haben genetisch und auch durch erlernte Verhaltensweisen ein sehr viel sensibleres „Nervenkostüm" als die sog. Normalen; sie sind nicht krank, sondern haben einfach ein anderes Nervensystem und sie fühlen sich oft unmännlich und nicht „normal"; so haben sie beispielsweise eine sehr differenzierte und tiefgründige Wahrnehmung, verarbeiten Eindrücke langsamer, sind schnell von ihrer Umgebung überflutet und hören manchmal „das Gras wachsen".

Was die Sache nun wirklich problematisch macht, ist, dass hochsensitive Männer (HSM) überproportional oft verächtlich als Softies oder sog. „Warmduscher" bezeichnet und verspottet werden. Bei den Frauen oder auch in asiatischen Ländern wird Sensibilität sehr viel mehr als etwas Positives akzeptiert und auch wertgeschätzt. Diese Tatsache macht es aber diesen Männern das Mann-sein hierzulande äusserst schwierig – angefangen vom Kind bis zum Erwachsenen. Diese Buben, Jugendlichen und Männer fühlen sich oft als „E.T.s", und werden wegen ihrer Eigenheit - die ja eigentlich bereits ca. 20 Jahre bekannt ist - oft von den Eltern, den Lehrern und dann im Berufsleben in Unkenntnis davon in einen sog. „normalen Lebensstil" gedrängt und vergewaltigt, in ihrer Eigenart unterdrückt und gemobbt.

Diese Erkenntnis rückt die ganze Männerarbeit noch einmal in ein neues, anderes Licht: Es gilt nun nämlich diesen beiden „Grundtypen" von Männern in der Männerarbeit Rechnung zu tragen. So sollen durch die Arbeit in diesem Buch einerseits die sog. Normal-Sensiblen oder „Normalos" ihre weicheren, empfänglicheren Seiten entdecken und andererseits die hochsensiblen Männer z.B. lernen, Grenzen zu setzen, einen Standpunkt erfolgreich vertreten und ihre härteren Seiten zu kultivieren – und das notabene, ohne dass die Grundprägung des jeweiligen Typs verlassen, unterdrückt oder abgelehnt werden muss.

In diesem Zusammenhang ist es mir ein Anliegen, an dieser Stelle zu sagen, dass ich mich selber gerade auch auf Grund meiner

Hochsensibilität in der Lage fühle, dieses Buch zu schreiben. Hier kann ich meine hochsensiblen Seiten in den Bereichen Körperwahrnehmung und -sensorik, tiefe Emotionalität und Empathie, mentale und kognitive Fähigkeiten und Spiritualität einbringen. Ich bin dafür heute sehr dankbar und kann ein Geschenk darin erkennen, hochsensibel zu sein.

Während des Verfassens dieses Buches bei der Beschäftigung mit einer vertieften Körperarbeit hat mich noch etwas in voller Härte getroffen. Es ist eines der grössten Schattenthemen bei uns Männern – die **Scham**. Mir wurde dabei bewusst, was für einen überragenden Stellenwert sie in der heutigen Männerarbeit haben muss – körperlich, vegetativ, emotional, mental – und ich möchte sie in diesen verschiedenen Zusammenhängen aus dem Dunkeln, aus dem Schatten, aus dem noch weitgehend Unbewussten hervorholen und beleuchten.

Dabei handelt es sich bei der Scham um einen individuellen und auch um einen kollektiven Schatten. Scham ist wahrscheinlich eines der am stärksten tabuisierten Themen unter Männern überhaupt, das jeden von uns in seinem Selbstbewusstsein trifft, aber eben auch in unseren sozialen Kontakten extrem belastend sein kann. Und sie hat natürlich auch mit dem vorherigen Thema zu tun, mit Hochsensibilität, wo das Thema Scham sozusagen „potenziert" bei uns ankommt. Scham ist schwierig fassbar und höchstwahrscheinlich dasjenige Körpergefühl – sie steckt tief in unseren Knochen – und diejenige Emotion, die uns am stärksten daran hindert, uns zu entfalten und uns als Mann je voll und ganz wohl und stark zu fühlen.

Meine Motivation, dieses Buch zu schreiben, ist es, diejenigen Männer mit einer Wegzehrung zu stärken, die schon mit dem Thema unterwegs sind (wie beim Radrennen „Tour de Suisse" am Wegrand zu stehen und eine Flasche hinzustrecken ...), diejenigen Männer zu unterstützen und ihnen ein paar verlässliche Wegweiser auf einem stellenweise holprigen und nebligen Pfad zu geben, die gemerkt haben, dass da heute unumkehrbar etwas anders ist ... und vielleicht auch den einen oder anderen Mann mit einem Tropfen dieses köstlichen Saftes auf seinen Lippen aus dem Winterschlaf, aus der Starre des Schlafs der mehr und mehr „Ungerechten" zu erwecken und in der Gegenwart begrüssen zu dürfen.

Bei diesem Prozess geht es in erster Linie darum, einmal am Anfang voll und ganz im Hier und Jetzt und ganz als Mann in deinem Körper anzukommen und die grosse Kraft Mann-zu-sein zu spüren und anzunehmen.

ÜBUNG 1: „DEN WILDEN MANN IN MIR ERWECKEN!"

Diese männliche Kraft des wilden Mannes entsteht, wenn du dich aufrecht in deiner ganzen Grösse hinstellst, deinen Körper vollständig ausfüllst, tief atmest und diesen weckst, die angenehme Wärme darin spürst, mit den Füssen fest im Boden verwurzelt bist und deinen Blick gerade und ohne jede Angst hinaus richtest, offen, klar und weit und mit einem Lächeln im Gesicht. Dann hebst du deine Arme wie ein Sieger in die Höhe und verstärkst damit die Sache noch. Damit ist eine unerklärliche, innere Freude verbunden, als Mensch Mann zu sein, und der Drang, dies zum Ausdruck zu bringen – durch Jauchzen, Tanzen, Lachen oder aber es still und im ganzen Körper strahlend zu geniessen ... und dazu z. B. den Song von Phil Collins „Hang In Long Enough"[6] lautstark hören ... (dieser Song hat für mich genau die Energie, die Kraft, das Lebensgefühl eingefangen; der Text allein mag unser Thema nicht abdecken).
Also Mann, mach einen Download, setz die Kopfhörer auf, stehe auf und tue ES ...! Gut, oder?

So wollen wir nun also zusammen eine Reise tun, eine Reise ins Mann-sein, zur Freude am Mann-sein, zur Freiheit, ein Mann zu sein.
Die Stationen dieser Reise sind die in unserer Kultur schon seit Jahrtausenden bekannten Elemente FEUER – ERDE – LUFT – WAS-

SER und RAUM/QUINTESSENZ. In ihnen werden wir alte, archaische und neue, neuzeitliche Anteile von Männlichkeit entdecken. Dabei habe ich mir erlaubt, die 5 Elemente für mich als Mann in meiner Lebenserfahrung und Intuition neu zu deuten, ohne mich wissentlich an die abendländischen bzw. morgenländischen 5-Elementelehren anzulehnen.

Als weiteres Hilfsmittel wollen wir uns auch mit einem Navi, einem GPS von heute, ausrüsten – mit einem integralen, ganzheitlichen Betriebsystem[7], damit wir nicht verloren gehen oder wir etwas Wichtiges bei dieser Reise vergessen oder übersehen.

Aber auch der bereits erwähnte, konkrete Einbezug der Erkenntnis der zwei Männer-Typen „normal-sensibel" und „hoch sensibel" soll ein wichtiger Anteil dieses Buch sein.

Und schliesslich geht es in diesem Buch in den Kapitel 5 und 6 darum, einerseits durch hautnahe Erfahrungen von Initiationen in die Elemente-Kräfte unsere alten Wurzeln als Männer ganz tief in uns wieder zu entdecken und zu erwecken, die von unseren Ahnen kommen.

Dies zusammen mit der Erforschung und den Erfahrungen von unseren neuzeitlichen Wurzeln des Mann-seins andererseits – für uns als Individuen mit uns selber, als Mann mit unserer auserwählten Frau, als Vater und Vorbild für unsere Kinder, als väterlicher Vorgesetzter oder Chef im Betrieb, für das Kollektiv der Männer bzw. für uns Männer mit Frauen im Geschlechterdialog.

Dies ist primär ein Buch für Männer, aber auch für Frauen, die daran interessiert sind, etwas darüber zu erfahren, um was es bei einer typisch männlichen, mann-spezifischen Emanzipation gehen kann. Das im Buch gewählte „Du" ist die Anrede an den Mann in der ganzheitlichen Männerarbeit und kann von Frauen, die das Buch lesen, sinngemäss als die Anrede an einen ihnen vertrauten Mann betrachtet werden.

Der Bezug den ich hier gewählt habe, sind heterosexuelle Männer und Beziehungen; ich möchte aber damit keine Bewertung von anderen sexuellen Orientierungen verbinden.

Da ich praktisch veranlagt bin, ist das Buch voll von Übungen, von Bildern, von Reflexionen, von Meditationen und Kontemplationen; es braucht meiner Meinung nach beides – die Theorie und die Praxis, um sich mit den tieferen Aspekten und Inhalten dieses Buches auseinanderzusetzen. Darum werde ich dich immer wieder auffordern und einladen, dich auch praktisch mit ihnen auseinanderzusetzen. Mein Ziel ist es, dein Wesen körperlich, vegetativ, emotional, geistig und spirituell zu motivieren, zu berühren, zu benetzen, anzuschieben, dich herauszufordern und dich auch immer wieder aus deiner Komfortzone zu holen.

Für die Arbeit mit diesem Buch empfehle ich dir, ein Tagebuch zuzulegen, das du von Anfang an parallel nutzen kannst, um deine Erkenntnisse, deine Erfahrungen, deine Inspirationen, die Arbeit mit dir selbst und den vielen Themen festzuhalten (siehe auch Kapitel 10.11.).

Schliesslich ist es mir als Ü60er-Mann und Mann im „Unruhestand" ein Anliegen und sehe ich es heute als meine Aufgabe an, durch dieses Buch mit dir, lieber Leser, ein paar Erkenntnisse und Erfahrungen aus meinem Leben zu teilen.

1. Kapitel: Grundlagen

ORIENTIERUNG IN EINER RADIKALEN GANZHEIT

Von meiner früheren, therapeutischen und jetzigen, beraterischen Tätigkeit bin ich es gewohnt, die Dinge möglichst aus einer ganzheitlichen Sicht heraus anzuschauen – ich war ganzheitlich tätiger, naturheilkundlicher Zahnarzt, habe 32 Jahre eine eigene Praxis geführt und berate und begleite Menschen in ganzheitlich-medizinischen Anliegen damals und heute in meinem Ganzheitlichen Institut Schweiz (Swiss Holistic Institute).

Grundsätzlich finde ich es sehr hilfreich, auch das Mann-sein heute ganzheitlich anzuschauen. Und das wollen wir auch mit einem aktuellen GPS tun, der integralen Sichtweise – einer modernen, heutigen, westlichen Sichtweise. Die **integrale Philosophie**[7/8] – wir können auch die „integrale Software" oder das „integrale Betriebssystem" sagen – hilft uns, eine Thematik in ihrer Ganzheit zu beleuchten und nichts Wesentliches auszulassen. Was heute leider oft passiert, ist, dass Themen oder Problembereiche, z. B. in der Politik oder Wissenschaft, nur einseitig angeschaut werden und daraus dann der Anspruch entsteht, dass die ganze Welt (nur) mit dieser Optik betrachtet und bewertet werden sollte. Das hat meistens zur Folge, dass viele andere Gesichtspunkte, die auch wichtig gewesen wären, weggelassen werden, die Geschichte dann sehr einseitig abläuft und entsprechende Resultate hervorbringt. Und genau das wollen wir eben beim Thema ganzheitliche Männerarbeit heute nicht tun!
Wir schauen uns jetzt zusammen ein paar Grundlagen der integralen Betrachtungsweise allgemein und spezifisch auf das Mann-sein heute an. Gemäss dieser von **Jean Gebser**[7] und **Ken Wilber**[8] mitbegründeten Philosophie geht es darum, dass alle Dinge und Wahrnehmungen, die uns begegnen – sei es in der Gegenwart, Vergangenheit oder Zukunft – quasi in eine Landkarte eingetragen werden können.

oben links (ol)	individuell	individuell	oben rechts (or)
innen	ICH Selbst, Gedanken, Gefühle, Absichten, Psyche	ES Körper, Gehirn, Genetik, Aussehen, Verhalten, Fitness	aussen
innen	WIR Beziehungen, Kultur und Weltanschauungen	SIE Umgebung, soziale Strukturen und Systeme, Umwelt	aussen
unten links (ul)	kollektiv	kollektiv	unten rechts (ul)

Grob gesagt sind dies die Quadranten und sie unterteilen sich in einen individuellen und einen kollektiven Teil einerseits, andererseits in einen inneren und einen äusseren Anteil.

Damit können wir alle Wahrnehmungen in uns innen, das ICH, dem oberen linken Quadranten zuordnen. Die Aussenwahrnehmung von uns, das ES, ist unser Körper samt seinen inneren Organen, genetischen Prägungen und auch unser Verhalten, wie wir uns zeigen. Das WIR zeigt uns den Anteil auf, bei dem wir in Beziehung treten, und wie unsere Kultur und Sprache aussieht, mit der wir leben. Das SIE schliesslich zeigt uns die Ebene der Umgebung auf, den Kontext, in dem wir leben, die Institutionen, das Land usw.

Der Vollständigkeit halber sollte ich hier noch erwähnen, dass die integrale Philosophie noch weiter geht und noch mehr Ebenen, z. B. die Entwicklungslinien, die in jedem Quadranten bestehen, einbezieht. Vollständig ist die integrale Betrachtung dann, wenn alle sog. Quadranten, Ebenen und Linien einbezogen wurden (= AQAL = all quadrants, all lines).

Um aber die ganze Geschichte nicht von Anfang an zu kompliziert zu machen, möchte ich es einmal bei diesen Angaben belassen und später im Buch auf weitere integrale Inhalte eingehen. Die Anwendung der Quadranten auf das Mann-sein wären z. B.:

INNEN	AUSSEN	
ICH = Subjekt, Indiviuum	**ES** = Objektiv, Wissenschaft	I N D I V I D U E L L
• jeder Mann mit sich • Selbstbewusstsein • Mentale Stärke • Psychische Stärke • Visionen entwickeln • Wut, Aggression, Gewalt • männliche Identität • Förderung Mann, Bube, Jugendlicher • Männerberatung, -coaching	• der männliche Körper • biologisches Geschlecht • Geschlechtshormone • Körperliche Gesundheit • Fitness • Männliches Verhalten, Seinen Mann stehen (Gender Role) • Traumatisierungen • Männerarbeit	
Physisch-emotional-mental-spirituell	Physisch-emotional-mental-spirituell	Ebenen
WIR = Wechselwirkung zwischen Individuen (intersubjektiv)	**SIE** = Gesellschaftssysteme (interobjektiv)	K O L L E K T I V
• Männerbewegung innen • Männergruppe(n) • Begegnungen, Austausch • Gemeinsame Werte • Männliche Identität (Gender Identity) • Vater, Väterlichkeit • Förderung Männer, Buben, Jugendliche • Geschlecherdialog	• Männerbewegung aussen • Männer-Politik • Dachorganisation **männer.ch** • Projektarbeit mit Frauenorganisationen, mit Kanton, Bund • Gleichstellung gegengleich (Lohn, Militärdienst etc.) • Soziales Geschlecht (Gender) • Gender Mainstreaming	
Physisch-emotional-mental-spirituell	Physisch-emotional-mental-spirituell	Ebenen

Aus dieser Tabelle geht hervor, dass das Mann-sein heute ganz verschiedene Facetten hat. Mich persönlich interessieren v. a. die Prozesse innen, sowohl individuell als auch kollektiv. Mir geht es darum: Was bewegt den einzelnen Mann oder die Männer als Kollektiv?

Meine persönliche Entwicklung hat dazu geführt, dass ich erkannte, dass ich mich heute auch mit meinen Angeboten fast ausschliesslich der „inneren Arbeit" widmen möchte und darum den Vereinsvorstand von maenner.gr im Jahre 2007 zugunsten meiner eigenen Organisation „Ganz-und-gar-Mann-sein" verlassen habe.

Ich bin der Meinung: Erst wenn wir unsere innere Arbeit als Mann und als Kollektiv gemacht haben, unsere Kraftquellen entdeckt und gefördert haben, wenn wir unsere ureigenen Bedürfnisse kennen, haben wir als Männer und als Männerbewegung eine glaubhafte Ausstrahlung, sind authentisch und können damit erst dann auch den äusseren Bereich unseres Lebens verändern. Also: keine kraftvolle, nährende und bedeutungsvolle Arbeit im individuellen und kollektiven AUSSEN, ohne die vorrangige und kontinuierliche Verwurzelung im INNEN – individuell und kollektiv!

Eine weitere, für mich ganz zentrale Betrachtungsweise aus dem integralen Fundus (Integral Recovery Institute) [9] ist diejenige mit den 4 Slogans:

Wake up =	Aufwachen, spirituell erwachen
Grow up =	Aufwachsen, sich entwickeln
Clean up =	Aufputzen, Schattenarbeit
Show up =	Aufstehen, sich zeigen, aktiv werden

Diese Slogans lassen sich, wie du im Weiteren sehen wirst, auf ganz verschiedene Themen anwenden und umreissen ganz kurz und prägnant, um was es in einer ganzheitlich-integralen Arbeit – und hier ganz im Speziellen natürlich in der ganzheitlichen Männerarbeit – gehen soll.

GENDER

Noch heute wird oft, wenn es um Geschlechterfragen geht, die Betrachtungsweise auf die reine Gleichstellung, das sog. Gender Mainstreaming bzw. auf das meist zuhause bzw. in unserer Gesellschaft erlernte Verhalten als Mann oder Frau (Gender Role) reduziert. Dabei geht es fast ausschliesslich nur um das sog. soziale Geschlecht, also wie wir unser Geschlecht leben gelernt haben. Hier hat die Genderbewegung einen recht beängstigenden „Röhrenblick" entwickelt, der so meiner Meinung nach nicht hilfreich ist und in die Irre führt.

Genau an dieser Stelle ist es jetzt wichtig, die Scheu-klappen abzulegen, tief in unsere mitgebrachte Kiste der „Tools" zu greifen und die integrale Betrachtungsweise zu Hilfe zu nehmen. Mit dieser sehen wir, dass die Gleichstellung ein wichtiger Aspekt, jedoch nur **ein TEIL-Aspekt des Ganzen** ist. In dieser eingeengten Optik wird die Geschlechterdiskussion hauptsächlich auf die ÄUSSEREN Ebenen verlagert (= ES oder SIE).

Gleichzeitig habe ich immer wieder den Eindruck bekommen, dass viele Player, v. a. auch die Institutionen von Bund und Kantonen hier in der Schweiz, aber auch die Medien, die INNEREN Aspekte der Geschlechterthematik weglassen und ignorieren, weil diese ja „nur" mit einem inneren Erleben von Männern und Frauen zu tun haben und sich nur komplex darstellen lassen.

Die integrale, ganzheitliche Betrachtung sagt uns jedoch, dass **der innere Anteil genauso wichtig ist wie der äussere**. Aus diesem Grund möchte ich mich speziell der inneren Männerarbeit beim Einzelmann und beim Kollektiv der Männer zuwenden, diese stärken und mit dieser als Kern mich bzw. uns dann auch im Äusseren zeigen – im Verhalten als Mann oder in den Aktivitäten der Männerbewegung, z. B. in der Männerpolitik oder ebenso wichtig im Bereich des Geschlechterdialoges (siehe später).

Und als ein Haupteffekt der oben erwähnten einseitigen Herangehensweise kommt die Geschlechterthematik zur scheinbar logischen Schlussfolgerung, dass es – ein bisschen vereinfacht gesagt – nur darum geht, alles gleich zu machen – den Einheitsbrei – dass das Aus-Nivellieren die Lösung ist. Damit wird spätestens das Schlafzimmer jedes Paares, die Intimität, die Sexualität zum Notstandsgebiet, denn da geht dann gar nichts mehr ...

Nein, es wird immer – hoffentlich immer – einerseits einen spannenden, einladenden, eben auch erotischen Unterschied geben zwischen Frauen und Männern, jedoch andererseits auch Lebensbereiche, – die Arbeitswelt und gleicher Lohn für die gleiche Arbeit – wo es zu einer Gleichstellung kommen soll und muss.

DER „HOCHSENSIBLE MANN" - HSM

Ja natürlich, du hast es erraten: Der Blitz, der mich vor ein paar Jahren aus heiterem Himmel traf, war die Erkenntnis, dass ich selber ein „hochsensibler oder hochsensitiver Mann" bin. Dies hat mich veranlasst, mich mit diesem neuen Aspekt der Differenziertheit im Mannsein ganz tief auseinanderzusetzen. Ich kann in diesem Zusammenhang auch ganz offen sagen, dass diese Erkenntnis – neben den traumatischen Kindheitserfahrungen (siehe auch später) – meine retrospektive Sicht auf mein bisheriges Leben erschüttert hat und ich die Welt, in der ich heute lebe, und meine aktuelle Lebensweise heute ganz neu wahrnehme. Die Erkenntnis, dass ich physiologisch (gesund und natürlich) mit der Eigenart der Hochsensibilität seit meiner Geburt eine starke genetische Beeinflussung erfahren habe, dass diese Eigenart eine Laune der Natur ist, die mich bis zum heutigen Tage so anders fühlen liess und lässt, hat mich sehr getroffen und beeinflusst.

Gerade wenn es um die tiefe Arbeit mit den ungesunden Polaritäten des Mann-seins geht – Macho versus Molluske – dann ist die Erkenntnis essenziell, dass es neben den erlernten und hormonell-biologisch bedingten Faktoren auch noch diesen speziellen anderen Typ des Mannes gibt und wohl schon immer gegeben hat – den **hochsensiblen Mann (HSM)**. Die Recherche zeigt, dass es schon heute Bücher für hochsensible Männer gibt; davon empfehle ich dir diejenigen von **Tom Falkenstein**[10] und von **Oliver Domröse**[11] zur

Vertiefung des Themas. Es kann nicht das Ziel dieses Buches sein, das Thema HSM umfassend darzustellen. Abgesehen davon ist die Auseinandersetzung zum Thema noch verhältnismässig jung und es werden sicherlich noch in den nächsten Jahren weitere wissenschaftliche Studien, Publikationen und Bücher zu diesem wichtigen Thema zu lesen sein, die dieses noch verständlicher lassen werden. Trotzdem wird es mir ein Anliegen sein, die Hochsensibilität beim Mann vor allem auch in der Arbeit mit den Elementen aufzugreifen und dort ein paar für mich wesentliche Aspekte einzubringen.

MIT INNERER ARBEIT DEN BODEN FÜR EINE AKTUELLE, MÄNNLICHE IDENTITÄT LEGEN

Um eine aktuelle, positive, kraftvolle Identität als Mann erlangen zu können, geht es ganz speziell in den INNEREN Sphären um die Fragen:
- Wer bin ich als Mensch?
- Wer bin ich als Mann?
- Habe ich eine speziell sensitive Seite an mir oder fühle ich mich zeitweise ein bisschen „hölzig"?
- Was habe ich als Einzel-Mann für Bedürfnisse?
- Wer sind wir Männer und was sind unsere Qualitäten?
- Wann fühle ich mich als Mann so richtig gut und kraftvoll?
- Woher kommen wir Männer, was ist unsere kollektive Geschichte?
- Gehe ich als Mann mit meiner Wut als Lebenskraft oder mehr als Problembereich um?
- Was fördert bzw. was schadet meiner bzw. unserer Gesundheit?
- Welches sind meine und unsere Sonnen- und Schattenseiten?
- Etc ...

Bei der Ausbildung einer männlichen Identität geht es natürlich auch um das AUSSEN, um das biologische Geschlecht, um den unterschiedlichen Körperbau, um die unterschiedlichen, im Körper eines Mannes aktiven Hormone, um unser Verhalten und unsere vielen positiven, männlichen Qualitäten und deren Weiterentwicklung und Kultivierung.

Fragen:
Wieso machen Männer die meisten lebensgefährlichen Jobs freiwillig und oft auch mit Freude?
Wieso leben Männer grundsätzlich weniger lang als Frauen?
Wie konnten Männer einen Eifelturm bauen?
Woher kommt es, dass Männer stundenlang an einer gemeinsamen Arbeit praktisch wortlos und glücklich zusammen sein können, ohne dass etwas fehlt?
Was lieben Frauen an Männern, was zieht sie an und was stösst sie ab?
Was finden Männer unter sich motivierend und aufbauend?

Schliesslich dürfen wir auch unsere Herkunft nicht vergessen und damit die Ebene der **Archetypen** gemäss C.G. Jung; diese ruhen in unserem kollektiven Unbewussten und können und sollen durch uns entdeckt, erweckt und gelebt werden. Da geht es um unsere Ahnen und um Qualitäten und Rollen, die es so lange gibt wie es Menschen gibt. In der heutigen Zeit sind die Archetypen aus der Männerarbeit von **Roger Moore** und **Douglas Gilette**[12] weit verbreitet. Bei den Frauen werden weibliche Archetypen z. B. durch **Elisabeth Davis & Carol Leonard**[13] beschrieben. Gerade die Schamanen der alten Kulturen waren sich der Unterschiede dieser Archetypen und ihrer Bedeutung für Männer und Frauen bewusst.

Im INNEN und im AUSSEN liegen also die Faktoren, die unsere Identität definieren, dabei gibt es Anteile, die gegeben und quasi angeboren sind, und solche Anteile, die erworben oder antrainiert sind und die verändert werden können und sollen.
In einer gesunden Kultur halten sich immer erhaltende und erneuernde Anteile die Wage: einen konservativen Anteil, der für Kontinuität, Sicherheit und Halt sorgt, und einen progressiven Teil, der für die Innovation, für die Aktualität da ist, die beide nötig sind, damit eine Kultur zeitgemäss und lebendig ist.

Dies trifft meiner Meinung nach auch auf die Geschlechteridentität bzw. **auf die männliche Identität** zu.

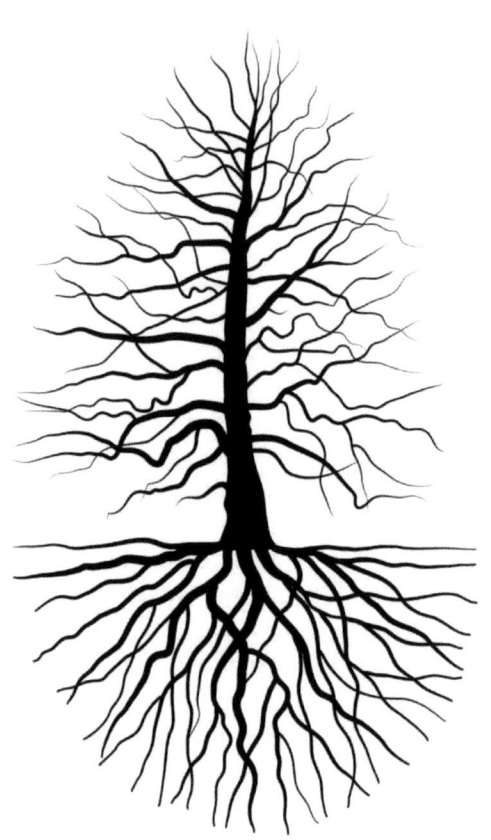

BILD 1 - „DIE TANNE":
Unsere männliche Identität ist wie eine Tanne; diese hat Wurzeln, die sie im Boden verankert, und einen Stamm und Äste, die wegen des Haltes der Wurzeln wachsen und sich dem Himmel entgegen recken können. Ohne starke Wurzeln gibt es kein Wachstum, keinen Widerhalt, keine Sicherheit und zu wenig Nahrung - letztendlich auch keinen Baum. Jedoch ohne die Äste, Nadeln und Zapfen gibt es keine Fortpflanzung, kein Weiterkommen, keine Entwicklung.

Wenn wir über männliche Identität und Emanzipation sprechen, so gibt es also einen älteren INNEREN Bereich, unser Herkunfts-Wurzelwerk, das uns mit unserer Vergangenheit bzw. mit unseren Ahnen verbindet, verankert und ein sicheres Gefühl gibt. Auch im Stamm und den Ästen gibt es einen älteren Teil, so wie wir als Männer früher viel körperlich gearbeitet und unsere Körper geformt haben und im AUSSEN durch unser Verhalten (z. B. auch als Patriarche) wahrgenommen wurden.

Emanzipation heisst aber per Definition, dass wir uns heute verändern wollen und sollen, dass es einen hohen Bedarf an Aktualisierung gibt, einen Teil, der Neues entdecken und entwickeln, der weiter wachsen will und muss. Da gibt es z. B. neue Arbeits- und Rollenmodelle, die wir gemäss den heutigen Anforderungen und Bedürfnissen verändern wollen.

Zusätzlich zu der Pflege und Verbindung zu unserem älteren Wurzel- und Stammanteil braucht es also für eine Fortsetzung des Wachsens auch die neue und zusätzliche Verwurzelung im Hier und Jetzt – in einer starken und bewussten INNEREN Arbeit an uns selbst, die uns heute durch neue Erfahrungen und neue Erkenntnisse, z. B. aus neuen Bereichen der Wissenschaften, zugänglich sind. Ohne diese wird sonst die Veränderung und die Innovation im AUSSEN – das weitere Längen- und Breitenwachstum des Stammes und der Äste des Baumes – schwierig, wackelig, unsicher, unglaubwürdig, ja unmöglich.

Aus diesem Grund ist der Focus in meiner ganzheitlichen Männerarbeit hauptsächlich auf einer ganz bewussten Kontaktaufnahme mit unseren alten und auch neuen Wurzeln als Männer – in der INNEREN ARBEIT – individuell und kollektiv.

Wo komme ich, kommen wir her?
Was hat mich, hat uns geprägt, geformt?
Was ist davon heute noch essenziell und was ist überholt in mir, in uns?

Was ist neu, brandneu und wartet darauf von mir, von uns umgesetzt zu werden?

Sobald wir dann tief in der Erde mit einem gesunden – alten und neuen – Wurzelstock (tiefe innere Arbeit mit Einbezug unserer Herkunft und ganz neuen Erkenntnissen und Wissenschaften) verwurzelt sind, kommen die dynamischen Entwicklungskräfte oben ins Spiel und der alte Stamm und seine Äste können weiter wachsen.
Wir wachsen also quasi gleichzeitig in die Tiefe und in die Höhe – gegengleich – mit dem Erhalt unserer „Roots" und dem Einbezug von neuen Erkenntnissen.
Beispiele einer neuen Art der inneren Arbeit und damit Verwurzelung, die uns auch wieder durch die integrale Betrachtung aufgezeigt wird, sind z. B. **die Schattenarbeit** (Clean up) und die Arbeit mit den **Entwicklungsmodellen** (Grow up).

Wie geht **das Wachsen** (Grow up) denn nun konkret vor sich? Hier sagen uns die ganzheitlichen Entwicklungsmodelle, dass jeder Entwicklungsschritt von einer Ebene zur nächsten nur dann möglich und nachhaltig ist, wenn wir die Erfahrungen auf einer Ebene vollständig und umfassend gemacht haben. Dies spiegelt sich insbesondere im Aspekt der kontinuierlichen inneren Arbeit wieder. Falls wir das nicht tun, bleibt der Wurzelstock in gewissen Abschnitten zu schwach, morsch oder faul.
Was meiner Meinung nach auch von grösster Bedeutung ist, ist, dass jeder Schritt einer individuellen und auch kollektiven Entwicklung den vorangegangenen als Basis braucht. Es entsteht eine Säule bzw. eben ein Baumstamm, der nur dann gesund, stark und stabil ist, wenn wir jeden Schritt vorher in den nächsten integrieren.

Da hilft also keine noch so elegante, hirnakrobatische Theorie und Philosophie, die irgendwo in den Wolken schwebt; eine solche hat, wenn überhaupt, eine punktuelle bis gar keine Wirkung auf uns als Einzelmenschen und auch auf unsere Kultur. Sie wird irgendwann von einem kräftigen Windzug weggefegt.

Und diese Arbeit mit unseren alten und neuen Wurzeln ist nicht so schnell abgeschlossen, das zeigen uns gerade auch die oben erwähnten entwicklungspsychologischen Modelle: Wir können bei gewissen Themen sehr weit entwickelt sein und in anderen noch ganz am Anfang stehen (Entwicklungslinien, z. B. intellektuell-mentale Intelligenz, emotionale Intelligenz, ästhetische Intelligenz etc.). Genau da kommen wir dann mit unseren Schattenseiten, mit den in uns übergangenen oder wegen traumatischen Erlebnissen verdrängten Aspekte ins Spiel. Dann fragen wir uns vielleicht plötzlich, wieso wir immer wieder bei gewissen Themen so aufgebracht, wütend und aggressiv werden ...?!

DER ELEMENTARE WEG INS MANN-SEIN

Ich möchte in diesem Buch die Emanzipation des Mannes mit der Ganzheit und Gleichzeitigkeit der Qualitäten der 5 abendländischen Elemente verbinden. Wie ich in den letzten Jahren durch meine eigene innere Arbeit und mit Hilfe von Coaches und Therapeuten, jedoch auch im Männerkollektiv bei der Teilnahme an Männergruppen und bei der wiederholten Durchführung des sog. „Einsteigerkurses"[3] beim Verein maenner.gr erfahren und beobachtet habe, gibt es heute viele mögliche Zuordnungen und Leitstrukturen für die Männerarbeit. Die Zuordnung zu den 5 Elementen ist meines Wissens neu in der Männerarbeit und widerspiegelt meine eigene, persönliche Sicht auf sie.

Wir wollen nun also im Weiteren die Themen eines aktuellen, kraftstrotzenden, gesunden, fürsorglichen, sensiblen und freudvollen Mann-seins mit den Kräften der 5 Elemente beleuchten – mit FEUER, ERDE, WASSER, LUFT und RAUM/QUINTESSENZ.

Wir werden sehen, dass das Hinzufügen des 5. Elementes – Raum, Äther oder Quintessenz – das seit dem griechischen Philosophen und Gelehrten Aristoteles im 4. Jahrhundert vor Christus im Abendland (Okzident, Europa) bekannt ist, uns den Weg geebnet hat, das Mann-sein wirklich umfassend ganzheitlich zu sehen. Ich habe mir die Freiheit genommen, diese Elemente aus meinem heutigen Wissen und meinen Lebenserfahrungen samt ihren Analogien und Verknüpfungen aus meiner Intuition heraus aktuell und heute für die ganzheitliche Männerarbeit neu zu interpretieren.

Interessant ist es an dieser Stelle, zu wissen, dass auch im Morgenland (Orient, Vorder- und Mittelasien) neben der 5-Elemente-Lehre der traditionellen chinesischen Medizin (Holz-Feuer-Erde-Metall-Wasser) auch die gleichen 5 Elemente – Erde, Wasser, Feuer, Luft/ Wind, Raum – z. B. in der tibetischen Medizin und im tibetischen Buddhismus vorkommen, wo sie eine tiefe und u. a. eine vielschichtige Bedeutung bei Prozessen der Entstehung/Geburt und der Auflösung/Tod haben[14].

Das Spezielle am Ansatz der ganzheitlichen Männerarbeit ist, dass ganzheitliche, traditionelle und ältere Modelle, z. B. die klassischen Elemente und die Inititationsarbeit, mit den Augen eines neuen, heutigen, ganzheitlichen GPS, z. B. dem integralen Ansatz, dem Einbezug der Sensibilitätstypen, der modernen Psycho- und Traumatherapie, betrachtet werden und diese beiden Modelle kombiniert werden; diese beiden Ansätze – neu und alt – sind wie die beiden Augen eines Chamäleons, die gleichzeitig in zwei verschiedene Richtungen blicken können, jedoch zusammen gehören und uns einen Panoramablick über das Thema der ganzheitlichen Männerarbeit ermöglichen ...

Im Detail wollen wir uns dann in den Kapiteln 7–12 mit den einzelnen Elementen und den zugeordneten Qualitäten in der Männerarbeit befassen.

2. Kapitel: Prägende Erfahrungen aus dem Herzenskriegertraining

In diesem Kapitel möchte ich den Scheinwerfer auf das bereits in der Einleitung erwähnte Männertraining, das sog. **Herzenskriegertraining** von **Björn Thorsten Leimbach**[4], richten. Dieses habe ich 2010 besucht und ich hatte anschliessend die Gelegenheit, im darauffolgenden Jahr mit 2 anderen Männern als Assistenten von Björn im HK-Training 2012 zu wirken. Wie auf der Homepage von ihm noch heute nachzulesen, haben diese Trainings mich sehr getroffen, berührt und verändert ...

Teilnehmerstimme Thomas Rüedi, ganzheitlicher Zahnarzt, Chur, Schweiz

> Vor etwa zweieinhalb Jahren hat mit der Trennung von meiner Frau eine intensive Suche nach mir, und ganz spezifisch auch nach mir als Mann eingesetzt. Die letzten Jahre haben mir gezeigt: Nur Opferbereitschaft, Durchhaltewillen und Einzel- bzw. Paarpsychotherapie haben meine Beziehung zu meiner Frau nicht retten und mein verunsichertes Selbstverständnis nicht mehr wiederherstellen können. Ich war damals zutiefst verunsichert und fühlte mich als Opfer widrigster Umstände. Dann ist mir das Buch von Björn, „Männlichkeit leben", zugefallen, welches mir grundlegende Fragen zutiefst aus meinem Männerherzen heraus beantwortete. Ich war begeistert und mit zwei meiner Kollegen meldeten wir uns für die Herzenskrieger-Seminare an. Was dann folgte, ist schwierig in Wort zu fassen. Ich wurde körperlich, emotional, mental und spirituell grenzwertig herausgefordert, wachgerüttelt, erquickt und der Froschkönig in mir durch geballte und angewandte Manneskraft ins Leben „geküsst".

> Die Seminare haben einen definitiv nachhaltigen Effekt auf mich – ich gehe aufrecht und selbstbewusst durch mein Leben, schaue Menschen gerade in die Augen, ohne ihnen auszuweichen, lasse meine Augen auf attraktiven Frauen verweilen und begegne ihnen als attraktiver Mann, habe über 12 Kilo abgenommen etc. ... Diese neue innere Haltung hat mich auch darin bestärkt, selber hier vor Ort noch verstärkt in die Männerarbeit zu gehen, eine kleine Organisation mitzugründen (www.maenner.gr), mit dem Ziel, die Früchte, die an meinem Baum zur Reife gelangen, mit anderen zu teilen.

Thomas Rüedi, Team 12. HK

> Björn, Dhwani und sein Team haben mich als innerlich halbwüchsigen, 50-jährigen Jüngling mit grosser Freude und Begeisterung abgeholt, inspiriert, durchgeschüttelt und in ein neues Kapitel meines Lebens als Mann geführt. Ich bin dafür zutiefst dankbar. Die Ausgewogenheit und Ganzheitlichkeit dieser Erfahrung war für mich sehr beeindruckend. Die Seminarleitung war zu jeder Zeit souverän, locker, kraftvoll und mit viel Humor unterwegs und durch den Einbezug der Musik aufs Wunderbarste begleitet. Ich freue mich sehr darauf, als Assistent Teil dieses Ganzen zu sein und anderen Männern mit meiner ganzen Power beizustehen, sie bei der Entdeckung und beim Aufbruch in eine neue Dimension des (Mann-) Seins zu unterstützen!

Die Benetzung mit dieser intensiven Erfahrung, was im Konzept des Kerzenkrieger-Trainings die wichtigsten Aspekte eines heutigen Mann-seins sind, hat mein Leben verändert bis heute. Nach einer Serie von initiatischen Erfahrung dieser Grössenordnung konnte und wollte ich nicht einfach zum Alltag zurückkehren und so tun, als wäre nichts gewesen. Nein, damit wurden Entwicklungsprozesse in mir geweckt, etwas kam damals ins Fliessen, in Bewegung, das bis heute weiter fliesst und mich immer weiter vorantreibt. Es ist, als ob ich damals von einer köstlichen Speise, einem köstlichen Saft gekostet habe und von da an davon nicht mehr loskomme, eine Sehnsucht nach Wachstum, nach Weiterentwicklung im Innen und Aussen, eine Sehnsucht nach mehr Sinn, mehr Bedeutung wurde in mir geweckt – hier nun ganz speziell im Bereich der Entwicklung meiner männlichen Identität.

Diese Erfahrung hat mich unter anderem dazu gebracht, dieses Buch für dich zu schreiben, weil es auch dich erfrischen, erwecken und in Fahrt bringen will …!

3. Kapitel: Mut zu einer aktuellen, männlichen, kraftvollen Identität

In diesem Teil des Buches möchte ich mich mit einem oft verkannten, durch uns Männer oft ein Leben lang gesuchten und ersehnten, immer wieder durch eine rein weibliche Erziehung unerfüllten, oft durch das Fehlen eines Vaters als männlichem Vorbild nicht positiv geprägten und oft völlig falsch verstandenen Aspekt der Männerarbeit befassen: Es geht um eine geheimnisvolle, aber gleichzeitig auch ganz real erlebbare Kraft, die uns Männer vollständig in unsere Körper, in unsere Kraft, in unser Feuer, in grosse Emotionen, ins tiefe Nachdenken, in die Stille und in eine grosse Freude kommen lässt. Aber bei der Entdeckung dieser Energie müssen wir die Komfortzone verlassen, uns aufrappeln, ins Stehen kommen, wach werden und viel Mut beweisen ...

Mit dies sicherlich unvollständigen Aufzählung möchte ich dich mit dieser Energie und mit ihrem köstlichen Saft beträufeln und benetzen, sozusagen deinen Mund davon wässrig machen:

- Mut zur Freude am Sein
- Mut zur Freude am Mann-sein
- Mut, in deiner Männlichkeit frei zu sein
- Mut zum Aufrechtstehen, tief zu atmen, von den Zehennägeln bis zu den Haarwurzeln voller Energie zu sein, ganz in deinem Körper zu sein
- Mut, Freude und Freiheit als Geburtsrechte ganz natürlich leben
- Mut, einfach vollkommen und ganz zu sein
- Mut zur Freude an deinem männlichen Körper
- Mut, in deinem männlichen Körper vollkommen anwesend, präsent zu sein
- Mut, deinen Körper vollständig und total, jeden Millimeter davon, auszufüllen, zu besitzen und zu bewohnen

- Mut, die Welt mit offenen eigenen Augen zu sehen, diese furchtlos anzuschauen und dich mit ihr zu konfrontieren
- Mut zum Biss
- Mut zur Freiheit
- Mut, frei zu atmen
- Mut zu einem sensiblen, fürsorglichen Mann-sein
- Mut zum hochsensiblen Mann(HSM)-sein
- Mut zur Kreativität, zur schöpferischen Kraft
- Mut zur Offenheit und Flexibilität
- Mut, deinen eigenen Weg zu finden und zu gehen
- Mut, kein seelenloser, ferngesteuerter Institutionskastrat zu sein
- Mut zur Authentizität
- Mut zur Selbständigkeit, Eigenständigkeit
- Mut zum ureigenen Standpunkt
- Mut zur Übernahme von Verantwortung gegenüber dir selbst, deiner Partnerin, deiner Familie, deinem Arbeitsplatz und der Gesellschaft
- Mut, mindestens in deiner Freizeit keine Uniformen zu tragen, dich so zu kleiden, wie du dich wohl fühlst
- Mut zur Ehrlichkeit
- Mut zur Schwäche – Jammern beim Männerfreund
- Mut zu einer männlich-väterlichen Fürsorglichkeit
- Mut, in seinen eigenen, inneren Keller zu steigen
- Mut zur Innen- und Aussenschau
- Mut zur Klarheit des Geistes – Differenzierung
- Mut zur Vision
- Mut zur fairen Auseinandersetzung
- Mut zum fairen, sportlichen Zweikampf
- Mut, sich zu widersetzen
- Mut, NEIN zu sagen
- Mut, sich hinzugeben
- Mut zur sexuellen Lust und Geilheit
- Mut zur offenen Begegnung
- Mut zur Weisheit, zur spirituellen Tiefe, mit und in dir zu meditieren

- Mut zum Nang-pa (tibet. Buddhismus) = ein in sich spirituell Suchender zu sein
- Mut zur eigenen Meinung, zur freien Meinungsäusserung
- Mut zur grundlosen Freude, zu Kraft und Saft
- Mut zum entschiedenen Nein gegenüber jeder Form von Übergriff und Gewalt – physisch, vegetativ, emotional, mental – gegenüber allen, auch gegen sich selbst, Gewalt von Männern gegen Männer, von Männern gegen Frauen, von Männern gegen Senioren, von Vätern gegen Kinder, von Frauen gegen Frauen, von Frauen gegen Männer, von Frauen gegen Senioren, von Müttern gegen Kinder …
- Mut zu einem klaren Nein zu Sexismus gegenüber beiden Geschlechtern
- Mut zum gegenseitigen Respekt
- …

Und wie hat sich das auf deiner Zunge oder an deinem Gaumen angefühlt, wie hat es geschmeckt … gut, oder? „Das schmeckt nach mehr" sagen wir im Volksmund!

Ja, und es ist auch klar, dass wir das, was wir hier zu spüren und zu ahnen beginnen, nirgendwo, auch nicht mit sehr viel Geld kaufen können! Wir können es uns nicht erschwindeln oder einfach mal „herbeamen". Und wir können es auch nicht wirklich nur ein bisschen machen, ängstlich, verschämt und eingeschüchtert.

Es bleibt uns eigentlich gar nichts anderes übrig, als uns mit Haut und Haaren auf einen Prozess einzulassen, den Sprung ins Ungewisse, ins Neue zu tun. Wenn wir es nicht tun, dann wird es uns immer wieder einholen, wird uns die Eintönigkeit, Unerfülltheit und Flachheit unseres Lebens einholen und quälen …

Nun gibt es für dieses Gefühl wiederum ein Erleben für mich alleine und auch – was ziemlich abgefahren ist – als Gruppe von Männern. Beides ist gut, beides braucht es. Die Erfahrung der inneren Arbeit in einer reinen Männergruppe kann ein Multiplikator sein und sehr viel Spass machen!

Allerdings wird es dann auch immer wieder die Momente geben, wo diese Prozesse uns an einen inneren Knoten führen, wo die Sache ins Stocken kommt, wo wir unseren Schatten begegnen, wo wir anstehen, wo es definitiv auch weh tut und wir Angst bekommen vor unserem eigenen Mut. Diese Widerstände erleben wir individuell und kollektiv. Das macht weniger Spass, aber ist essenziell, wenn es darum geht, weiterzukommen.

Das sind diese Momente, wo wir dann idealerweise im Kontext einer Gruppe oder eines individuellen Männercoachings daran arbeiten – bis dahin, wo wir dann auf das gröbere Handgepäck, auf die Untiefen in unserem persönlichen Rucksack stossen und dann mit einem erfahrenen Therapeuten arbeiten sollten. Wenn dann diese Blutgerinnsel in unseren Herzkranzarterien entfernt wurden, dann fliesst das Blut wieder einfach so und unser Herz schlägt wild, freudig und kraftvoll. Dann erleben wir die Belohnung für den Mut, sich mit unseren Schattenaspekten beschäftigt zu haben, dann kommt Freude auf, dann dürfen wir zu Recht stolz sein darauf, unsere Komfortzone verlassen zu haben und in unseren dunklen, muffigen Keller hinuntergestiegen zu sein. Und jedes Mal, wenn wir da wieder runtersteigen, sieht es da unten anders aus, es liegen weniger „Leichen" herum, es riecht besser und wir sehen dann plötzlich auch unsere Vorräte im Kellerregal liegen – Äpfel, Kartoffeln, unser Eingemachtes ...

Aber, wie gesagt, das Hinuntersteigen ist nur dann sinnvoll, wenn wir vorher uns mit unserer Freude, unserem Feuer, unserer Power und unserer Kraft verbunden und aufgeladen haben. Das steht am Anfang der Reise und das brauchen wir dann immer wieder zwischendurch. Dieses Buch will dich hungrig und auch fit für diese Reise machen – wir gehen gemeinsam zu unseren Kraftquellen, baden darin, kosten sie aus. Wir gehen zusammen auf die Reise und dann später, wenn der gemeinsame Teil vorbei ist, dann gehst du frohen Mutes mit dieser unerklärlichen Energie und Freude in dir und einem Lächeln auf den Lippen weiter, ohne zu zögern ...

4. Kapitel: Die Suche nach dem Vater als Initiationsweg

Ein viel verwendeter, typischer Begriff aus der Männerarbeit ist derjenige „der Vaterwunde" bzw. „des Vaterhungers". Viele Männer können beide spontan und gleichzeitig in sich fühlen, wenn dieser Begriff in einem Gespräch fällt. In den Männergruppen, an denen ich seit knapp 20 Jahren teilnehme, ist oft eine Irritation und ein Schmerz, der mit dem eigenen Vater verbunden ist, omnipräsent.

Spannenderweise gibt es nun auch jüngere Männer, die bereits von einer anderen Erfahrung mit ihren Vätern berichten ...

Die **Vaterwunde** entsteht bei in westlichen Gesellschaften aufgewachsenen Männern seit der Zeit der industriellen Revolution (zweite Hälfte des 18. und das 19. Jahrhundert), seit
... die Väter in ihrem Leben die grossen Abwesenden sind,
... diese weit weg von zu Hause ihren Arbeitsplatz haben,
... die Väter nach getaner Arbeit am Abend spät heimkommen
und ausgepowert in ihren Seilen hängen,
... die Väter als Soldaten in den Kriegen gefallen sind,
... die Erziehung der Kinder fast alleine durch die Mütter
zu Hause passiert,
... die Mütter von Buben und Jugendlichen mit der Unmöglichkeit konfrontiert sind, ihre Söhne zu Männern zu erziehen,
... sie wegen Unwissenheit in der männlichen Ahnenreihe unbewusst von Generation zu Generation weitergegeben wird.

Die Vaterwunde ist mit einer generellen und oft massiven Verunsicherung verbunden, die Buben und Jugendliche erleben, wenn ihre Väter wegen Abwesenheit, Überforderung oder Ignoranz kein oder nur ein ganz vages Vorbild abgeben – obwohl sie entwicklungs-biologisch für ihre Söhne die Prototypen des Mann-seins schlechthin darstellen. Oder sie entsteht dadurch noch verstärkt und schmerzhaft verdichtet, dass verunsicherte und überforderte Männer als Väter sich z. B. dem Alkohol hingeben und/oder gewalttätig werden ... Dann mischt sich die Verunsicherung mit Scham, mit der unterschwelligen Scham deines Vaters und deiner Scham, als Sohn einem Geschlecht anzugehören, das „es nicht bringt", das sich intuitiv für die Entwicklungsversäumnisse schämt, die es produziert hat, weil bisher sozusagen kein Bedarf da war, an uns Männern kollektiv zu arbeiten.

Diese Vaterwunde ist eigentlich immer mit einem entsprechenden **Vaterhunger** verbunden, der dadurch entsteht, dass du ohne die kollektive Präsenz deines Vaters und deiner männlichen Ahnen hinter dir und in dir aufwachsen musst – ohne deren lebenswichtige Nahrung aus ihrer herben, aber auch liebevollen Präsenz. Er lässt ein tiefes, bohrendes Loch in deinem Körper zurück, eine Blackbox, ein riesiges Fragezeichen. Der Hunger und der Schmerz ist nebeneinander da, als Ausdruck der Absenz, des nicht erfüllten, tiefen Wunsches nach Anleitung, nach gelebtem Vorbild und nach wohlwollender, väterlicher Förderung und Lob. Es ist letztendlich der Wunsch, den Segen deines Vaters und der männlichen Ahnenlinie zu erhalten und damit auch die Erlaubnis, dich als Mann schlicht gut, wohl und in Ordnung zu finden. Auf die spezielle Seite der körperlichen, emotionalen und geistigen Nähe zum eigenen Vater komme ich dann noch ausführlicher in den Kapiteln der Elemente zu sprechen.

Ja, du hast es erraten – natürlich gehöre ich auch zu diesen Männern, die mit einem konstanten und bis ins höhere Alter konsistenten Vaterhunger aufgewachsen sind. Das Schöne in meiner Situation ist, dass ich in den letzten 15 Jahren „meinen alten Herrn" als Pensionär nun noch sozusagen live erleben durfte, ihn für mich haben, ihn konfrontieren, ihn einfordern durfte; und dies, weil er segensvollerweise noch rüstig und klar ist in seinem Geist und das hat, was viele alte Menschen haben – die Gabe, wirklich zuzuhören ... dem diese Gedankengänge jedoch gänzlich fremd sind und der nach meinem Empfinden emotional selber hungrig ist (seit seinem Aufwachsen als

Mann) und mich auch beim besten Willen dies-bezüglich nicht nähren kann.
Und es ist die Vaterwunde und der Vaterhunger, der uns aufbrechen, aufstehen lässt, der uns in Bewegung setzt, um nach Nahrung und Medizin dafür zu suchen, nach Nahrung und Medizin für eine noch unreife, brüchige Männeridentität mit vielen Fragezeichen. Diese Kraft und Sehnsucht treibt uns in uns hinein und auch hinaus in die Welt nach Nahrungssuche für die Entwicklung unserer männlichen Seele. Darum hat die Vaterwunde auch eine sehr positive Seite, nämlich diese, dass sie uns mobilisieren, uns in Gang setzen kann und will ...

Allerdings gibt es auch immer wieder Männer, die sich dann aus lauter Verzweiflung irgendwelche oberflächlichen Pseudo-Identitäten überstreifen, Kopien werden von Männern, die sie bewundern, sozusagen im Selbstversuch, der oft scheitert ... oder Männer, v. a. junge Männer, die sich in Gangs organisieren, um diesen Schmerz weniger zu spüren, aber mangels Anleitung und Know-how oft in der Kriminalität landen ... oder Männer die schon ganz am Anfang beim Aufbruch scheitern, auf direktem Weg in die Depression gehen, die aufgeben, bevor sie angefangen haben, und mit einer Suchterkrankung den Schmerz, die Scham und die Sehnsucht versuchen zu narkotisieren ...

Mit der Debatte „Ehe für alle" im Schweizerischen Parlament und auch in der Öffentlichkeit ist für mich ebenso klar, dass hier mit der Samenspende für lesbische Paare bzw. der Möglichkeit der Adoption von Kindern durch gleichgeschlechtliche Paare uns eine neue Teilproblematik der Vaterlosigkeit von Jungen bei lesbischen Paaren (bzw. Mutterlosigkeit von Mädchen bei schwulen Paaren) bevorsteht. Dieses Thema wirft berechtigte und schwierige Fragen zum Thema „Vaterschaft" (bzw."Mutterschaft") auf, die für mich in der Dimension der 5-Elemente-Männerarbeit von den Befürwortern und auch vom zustimmenden Parlament bisher weitgehend unbeantwortet geblieben sind und als Auswirkung zusätzlich zu den oben bereits genannten Gründen eine erschwerte männliche (bzw. weibliche) Identitäts-

und Integritätsbildung Sorgen bereitet. Ich möchte dich einladen, dir hierzu nach der Auseinandersetzung mit dem weiteren Inhalt dieses Buches eine eigene Meinung zu bilden.

Im Sinne der alten Kulturen und der schon erwähnten, dringlichen Aufrufe von Autoren wie Moore und Gilette[12] zu initiatischen Erfahrungen können wir uns heute mit dem Hunger und Schmerz des abwesenden Vaters in unserem Rucksack aufmachen, auf einen Weg der heutigen, aktuellen Form der Initiation ins Mann-sein. Gegenüber den Generationen von Männern vor uns seit der industriellen Revolution haben wir heute den enormen Vorteil, dass es nun seit einigen Jahrzehnten eine ständig wachsende, in der westlichen Welt mehr und mehr auch ernst zu nehmende Männerbewegung gibt – die auch hier in der Schweiz mit der Dachorganisation männer.ch[15] und dem Männer-Netzwerk Schweiz[3] präsent ist. Mit diesen und an sie angegliederten Männerorganisationen und -angebote ist nun endlich Nahrung für viele von uns Männern in Sicht und wir können diese Reise nun intellektuell in Büchern, aber v. a. auch physisch, vegetativ und emotional in Seminaren und Männergruppen antreten. Erwähnt seien an dieser Stelle nochmals die Angebote des Herzens-krieger-Trainings[4] nach Björn Thorsten Leimbach.

5. Kapitel: Die „innere, kollektive und Initiations-Arbeit" in der Männergruppe - Geschlechterdialog

Für mich ist die Arbeit in der Gruppe eine der essenziellsten Arbeiten überhaupt. Ich liebe die jahrelange Erfahrung, in ganz verschiedenen Männergruppen gewesen zu sein, die gegenseitige Nähe, Vertrautheit, Intimität – sie war für mich für lange Zeit eine Heimat, eine männlich-kollektive Heimat. Das wiederholte Eintauchen in die Kraft der Männergruppe ist eine überaus kostbare und durch nichts zu ersetzende Nahrung für uns Männer. Die Herausforderungen im Bereich der Männergruppen sind meiner Erfahrung nach, dass es einerseits darin Instrumente gibt, die immer wieder zu Momenten und Inputs der Vertiefung, des weiteren Wachsens führen – und andererseits, dass es nicht zu einer netten, aber weitgehend oberflächlich-belanglosen Verflachung kommt. Im Unterschied zum Verein, zum Stammtisch oder Sportclub geht es hier idealerweise um eine vielfältige, bunte Palette von Ebenen des Sich-Konfrontierens, der Begegnung, des Austausches und des Gehalten-seins.

Hier sind ein paar Tools, die ich in der Gruppen-Männerarbeit aus der Erfahrung früherer Männer-Seminare als sehr wertvoll betrachte:
- Die liebevolle oder auch deftige Umarmung mit Augenkontakt mit jedem Mann zu Beginn und am Schluss der Veranstaltung
- Männerarbeit in den Bereichen Körper – Bauch/Vegetativum – Emotion – Geist – Spirituelles
- Schattenarbeit als Aspekt des Erkennens, Wachsens und Klärens (weitere Angaben in den Kapiteln der Elemente)
- Arbeit in einer selbstgeleiteten Gruppe, wo jeder Mann im Turnus einen Abend hält und gestaltet – Vielseitigkeit.
- Die thematische Arbeit: Ein Mann hat ein Thema vorbereitet und lässt die anderen darin eintauchen; dabei ist er an diesem Abend für das Halten des Rahmens zuständig.
- Arbeit in einer angeleiteten Gruppe, wo 1–2 Männer den Abend moderieren, jedoch auch auf Augenhöhe daran teilnehmen und sich ebenfalls einbringen.

- Das Sitzen in gemeinsamer Stille, Meditation, Ruhe
- Das gemeinsame Singen eines Liedes
- Das Austauschen über die Aktualität des einzelnen Mannes in der Runde – was beschäftigt mich gerade jetzt?
- Die Praxis des „Rats der Hörenden": zurückgehend auf die lebendige Anwendung in indigenen Gemeinschaften geht es darum, dass immer nur der Mann gerade spricht, der den sog. „talking stick" (ein Stück Holz oder Stein) in seiner Hand hält und die anderen vollkommen präsent, aktiv und aufmerksam zuhören.
- Sich in einer schwierigen Situation und bei Problemen einfach den anderen Männern öffnen, sich ihnen anvertrauen, sich fallen lassen.
- Gemeinsames Körper-Gruppenritual im Kreis
- Gemütliches Zusammensein, Essen und Trinken (wenig bis kein Alkohol) informell

Gerade auch die Qualität, die mit der Anwendung des „Rats der Hörenden" geschaffen wird, ist eine äusserst wirkungsvolle Möglichkeit, sich heute in einem Raum der Offenheit, des Interesses und des gegenseitigen Getragen-seins zu begegnen. Diese ist primär nicht bewertend, sondern einfach zur Kenntnis nehmend und lässt viel Platz für die Anerkennung von Gemeinsamkeiten und Unter-schieden, auch Platz für das Einüben von Toleranz.

Eine ganz spezielle Anwendung der Gruppenarbeit ist die Arbeit zwischen Männern und Frauen – **der Geschlechterdialog**. Viele von uns kennen die Möglichkeiten, individuell und als Paar im Rahmen einer Einzel- und Paar-Psychotherapie an Themen zu arbeiten. Diese Art der individuellen Arbeit ist in der heutigen Zeit in unseren westlichen Gesellschaften ziemlich weit verbreitet.

Was meinen Kenntnissen zufolge allerdings kaum oder nur äusserst spärlich passiert, ist die Gruppenarbeit zwischen Männern und Frauen **als Dialogs- und Versöhnungsarbeit**.

Jahrzehntelang haben sich Männer und Frauen schon seit der Emanzipationsbewegung der Frauen, die gerade in diesen Zeiten ein

„Update" in der metoo#-Bewegung erfährt, in einem regelrechten Geschlechterkrieg bekämpft; dabei wurden und werden erneut Schützengräben ausgehoben und kaum eine Form der Auseinandersetzung ausgelassen. Das Aufbrechen der traditionellen Geschlechterrollen hat wichtige Veränderungen und Klärungen im Bereich der Gleichstellung in Gang gesetzt; allerdings ist dieser Prozess, meiner Meinung nach, noch bei Weitem nicht an dem Ort angekommen, bei dem er eine wirkliche Gleichstellung beider Geschlechter zueinander bewirken würde. Sondern hier sind in den letzten Jahren, Jahrzehnten und auch Jahrhunderten auch viel kollektives Leid, viele kollektive Verletzungen auf beiden Seiten entstanden, die uns gerade auch bei der Neudefinition von Beziehungen zwischen Mann und Frau heute im Wege stehen.

Ich habe festgestellt, dass in diesem Bereich zum heutigen Zeitpunkt noch wenig konkrete Arbeit gemacht wird. Gerade auch bei der Versöhnungsarbeit zwischen meiner Ex-Frau und mir nach der Scheidung haben wir erfahren, dass wir hier noch einem scheinbar relativ ungewohnten, neuen Phänomen gegenüberstehen.

Verdienstvollerweise haben hier **Astrid Leila Bust** und **Björn Thorsten Leimbach** ihr Buch **„Zu einander finden - Wege zu einer befreiten Partnerschaft"**[16] geschaffen, das den Status quo in Beziehungen von Männern und Frauen individuell und kollektiv anschaut. Mit der Vorlage dieses Buches bzw. mit der Erfahrung eines Seminars, das ich bei den beiden Autoren gemacht habe, war es meiner Ex-Frau und mir möglich, einen eindrücklichen, gemeinsamen Versöhnungsprozess miteinander zu machen. Dabei haben wir den im Buch im Detail beschriebenen Versöhnungsprozess für die Ablösung voneinander für unsere Zwecke leicht modifiziert.

Ich persönlich finde die explizite Arbeit zwischen den Geschlechtern unter Anerkennung von Gemeinsamkeiten und Unterschieden, wo die biologische Komponente des Geschlechtes mehr Gewicht erhält, eine besonders wichtige und lohnenswerte Art der Arbeit. Dabei geht es um den Dialog zwischen den Geschlechtern in Anerkennung und

Wertschätzung bleibender Andersartigkeit und Verschiedenheit; dabei sind natürlich auch Gemeinsamkeiten und Ähnlichkeiten zu würdigen. Gerade hier wird ja bekanntlich von den Verfechtern der engen Genderperspektive, wie schon erwähnt, nur zu gerne aus dem Blickwinkel der sozialen, erworbenen Prägungen alles Geschlechtliche sozusagen mit dem grossen Raupenfahrzeug als gleich eingeebnet, was meiner Meinung nach der Debatte um einen aktuellen Geschlechterdialog kaum nützt und gerade auch aus der integralen Sichtweise für sich alleine eben nur als Teilbetrachtung Sinn macht.

Das Buch von **Aaron Kipnis** und **Elisabeth Herron „Wilder Frieden - das Experiment einer neuen Partnerschaft zwischen Frauen und Männern"**[17], das heute nur noch in der englischen Version als **„What Women & Men really want - creating deeper understanding & love in our relationships"**[18] erhältlich ist, zeichnet einen solchen angeleiteten kollektiven Gruppenprozess zwischen einer Männer- und einer Frauengruppe eindrücklich nach. Zitat aus der Einleitung von „Wilder Frieden - ...":

> *„Zum grössten Teil sprengen der Geschlechterkrieg und das Bedürfnis nach Frieden und Gerechtigkeit ganz deutlich den Rahmen sexueller Vorlieben wie auch ethische, kulturelle und ökonomische Schranken. Die Wunde zwischen Frauen und Männern geht weit über das Sexuelle hinaus. Sie ist tief in unserer kollektiven Psychologie verwurzelt. Sie steckt uns in den Knochen und ist, was die Rollen und Recht von Frauen und Männern angeht, allgegenwärtig, sowohl in unserer alten als auch in der zeitgenössischen Mythologie. Das Bedürfnis von Männern und Frauen nach harmonischen Kommunikationsweisen berührt alle ..."*

Wir scheinen erst heute langsam an dem Punkt angekommen zu sein, wo Gruppenarbeit auch zwischen den Geschlechtern als kollektive Arbeit möglich wird. Dies vor allem auch darum, weil nun mit dem Erstarken der Männerbewegung auch ein Partner auf der anderen Seite des Grabens entsteht, mit dem nicht nur die Auseinandersetzung auf Augenhöhe geführt werden kann, sondern auch ein Dialog möglich ist bzw. mit dem diese spezielle, kollektive Dialogs- und Versöhnungsarbeit aufgenommen werden kann.

Ich möchte an dieser Stelle darauf hinweisen, dass ich im Jahre 2016, damals als Co-Präsident des Vereins **maenner.gr**, mit einer lokalen Frauenorganisation – **Frauenzentrale Graubünden** (Fz) – als Initiator in einer Arbeitsgruppe an einem solchen Geschlechter-Dialog-Projekt gearbeitet habe. Leider haben sich dann scheinbar unüberwindbare Hürden und Gräben auf verschiedenen Ebenen aufgetan, die dann zu einem Abbruch desselben geführt hatten. Ich denke, die Zeit war noch nicht reif dafür. Fazit:

> Meiner Meinung nach sind die Voraussetzungen für Geschlechter-Dialog-Projekte heute erst nur selten gegeben. Sie bedingen nämlich, dass sich Männer und Frauen mit grosser Erfahrung im Bereich von innerer, individueller und kollektiver geschlechts-spezifischer Arbeit auf Augenhöhe, in gegenseitigem Respekt und einzig und alleine der gute Sache wegen in einer „entmilitarisierten Zone" sozusagen „zwischen den Geschlechts-Schützengräben" und unter „UNO-Beobachtung" auf der Basis einer Mediation in dieser ganz speziellen Friedensarbeit begegnen können und wollen ... und dies kombiniert mit dem aussergewöhnlichen Glücksfall, dass dafür auch geeignete Mediatoren bzw. Mediatorinnen gefunden werden können.

Sogar der 2016 von mir per E-Mail kontaktierte Aron Kipnis (siehe oben) teilte mir damals mit, dass er zurzeit den kollektiven Versöhnungsprozess in Gruppen nicht mehr weiterführt ...

Ich bin der Überzeugung, dass die Zeit schon bald kommen wird, wo die Prozesse bei Männern und Frauen so weit fortgeschritten sind, dass solche tiefen, kollektiven Dialog- und Versöhnungsprozesse möglich werden.

6. Kapitel: Die „innere Männerarbeit" mit sich selbst - „im eigenen Saft schmoren" ...

Und es gibt ihn, den Teil der inneren Arbeit, bei dem jeder von uns mit sich alleine ist, mit seiner Herkunft, seiner Lebensgeschichte, wo jeder mit seinem eigenen Rucksack unterwegs ist. Und er ist absolut essenziell, ohne diesen individuellen Teil deines Lebens wirst du niemals ganz und gar Mann werden können ...
Es gibt diese Momente in jederManns Leben, wo wir uns fürchterlich alleine fühlen oder wo wir es unglaublich geniessen können, alleine zu sein, wo wir in unserem eigenen Saft schmoren, um irgendwann dann einmal „gar" – ein reifer Mann – zu werden ...

Hier möchte ich ein Zitat von Robert Moore und Douglas Gillette[12] anfügen:

> *„In der gegenwärtigen Krise der Männlichkeit brauchen wir nicht, wie manche Feministinnen behaupten, weniger maskuline Stärke. Wir brauchen mehr davon.*
>
> *Aber wir brauchen mehr **GEREIFTE MÄNNLICHKEIT**!"*

Wir erleben diese Momente der unglaublichen Freude, des Triumphes und auch die Momente des unerträglichen Schmerzes, wo wir am liebsten im Erdboden versinken würden, wo wir uns schämen, wo wir fast aufhören zu atmen ... dies sind gemäss dem Psychologen C.G. Jung meistens Momente der Individuation, wo wir in etwas Neues in unserem Leben initiiert, mit ihm vertraut gemacht werden.

Wie steht es um dein Selbstbewusstsein – körperlich – emotional – geistig – spirituell, jetzt gerade?

Inneres Wachstum und Reifung ist nicht etwas, dass dir altershalber einfach „in den Schoss" fällt. Nein, es ist mit bewusster, kontinuierlicher Arbeit an dir selber verbunden. Und wie schon oben angetönt:

Sie ist eine mehrdimensionale Arbeit an deinem Körpergefühl, deiner Gefühlswelt, deiner Art und Weise, wie du Dinge geistig auffasst und verstehst und sie hat auch mit der Frage zu tun, wo du spirituell zu Hause bin.

Diese Arbeit an dir selber kannst du mit zunehmender Tiefe einerseits in der Begleitung und Anleitung von heute bei uns fast überall zur Verfügung stehenden Beratern, Männercoaches, Psycho- und Traumatherapeuten tun. Sie sind da für dich, begleiten dich eine Weile und halten deinen Arm, wenn du mal strauchelst. Hier ist es meiner Meinung nach wertvoll, darauf zu achten, dass diese „Supporter" für diese Arbeit männlich sind und bereits selber sich mit Männerarbeit beschäftigt haben.

Andererseits geht es um die Auseinandersetzung mit Religion, Spiritualität innerhalb oder ausserhalb einer der Haupt-Weisheitstraditionen dieser Welt; hast du da einen für dich stimmigen, seriösen Zugang gefunden, dann findest du auch hier Halt, bis du deine eigene Spiritualität gefestigt hast – siehe auch Kapitel Raum/Quintessenz.

Im Verständnis der integralen Bewegung geht es in der inneren Arbeit um das Aufwachen (Wake up), das Aufwachsen (Grow-up), das Aufräumen (Clean up) und das Aufstehen (Show up). Wir werden im Verlauf des Buches hauptsächlich bei den Elementen auf konkrete Anwendungsbeispiele dafür treffen.

Auch können Mentoren, also ältere Männer, die uns primär einfach zuhören und mit ihrer Lebenserfahrung in all diesen Dimensionen zur Seite stehen und begleiten, äusserst hilfreich sein. Leider leben wir in einer Gesellschaftsform, in der Mentoren nur mehr selten zu finden sind oder in weiten Teilen schlicht und einfach fehlen, verloren gegangen sind. Vielleicht ist es mal der Grossvater, im glücklichsten Fall der eigene Chef, der Sporttrainer, der diese Rolle einnimmt für dich! Eine Aufgabe der Männerbewegung wird sein, wieder mehr Männer als Mentoren zu gewinnen, dieses Bewusstsein wieder zu stärken und dies ganz bewusst zu fördern – als eine unabdingbare

Ressource für eine gesunde männliche (natürlich auch weibliche) und menschliche Gesellschaft.

Schliesslich ist natürlich auch die Männergruppe ein Ort, wo du als Mann unter Männer reifen kannst, falls diese lebendig ist und es neben den Momenten, wo wir einfach zusammensein dürfen, genügend Angebote und Gelegenheiten gibt, die dich tief genug betreffen und herausfordern.

Unsere **Wachstumsfelder** als individuelle Männer sind u. a.:
- Ich im Umgang mit mir selber
- Ich im Hinterfragen meiner persönlichen Prägungen und Glaubenssätze
- Ich als sexuelles Wesen
- Ich als Mann in einer intimen Beziehung
- Ich als Berufsmann oder Lernender – Berufung
- Ich in der Position des Vorgesetzten oder als Chef
- Ich als Mann, der seine Stellung, seine Aufgabe in der Gesellschaft sucht
- Ich mit meinem Bewusstsein für das für mich Gesunde
- Ich als männliches, spirituelles Wesen
- Ich als Mann, der in seinem aktuellen Lebensabschnitt angekommen ist und entsprechend lebt
- Ich als älterer Mann und Senior

Umgang mit mir: Wie gehe ich mit mir um? Kann ich auch liebevoll zu mir selber sein, mich und meinen Körper gut pflegen? Wie nähre ich mich ganz generell? Und wie er-nähre ich mich? Fast Food oder gehaltvolles, vollwertiges Essen? Habe ich genug Bewegung ausserhalb meines Berufs- oder Ausbildungslebens? Mag ich meinen Körper, halte ich ihn fit? Hier kann ich selber schon einiges ohne Unterstützung tun – vielleicht gerade auch mit einem Kollegen zusammen.

Glaubenssätze, die ich als Bube neben meinen Eltern und im Speziellen von meinem Vater und meinem Grossvater, meinem Onkel –

von meinen Vorbildern – als Lebens"weisheiten" erlernt habe. Muss ich z. B. als Mann immer der Beste sein? Habe ich gelernt, dass ich ein Looser (Verlierer) bin und nichts auf die Reihe bekomme? Da gilt es hinzuschauen und die (eben im Kern nicht) eigenen Glaubenssätze zu hinterfragen.

Ich als sexuelles Wesen: Ist Sexualität für mich etwas Schönes, Kraftvolles, eine Lebenskraft für mich? Oder findet sie beim lieblosen Wichsen vor dem Porno im Internet statt? Schäme ich mich als Mann, sexuell aktiv zu sein, weil alle Männer Schweine und Gewalttäter sind? Wie erschliesse ich mir in der Selbstliebe und in der Beziehung zu einer Frau eine kraftvolle, lustvolle und schöne Sexualität? Keine ganz einfache Aufgabe, die Mann so mal im Vorbeigehen lösen kann, oder ...?

Intime Beziehungen: Gehöre ich vielleicht zu denen, die nur noch Beziehungen mit den Frauen im neusten Porno haben, weil sie „die Klappe halten, nicht schwierig tun und nicht schlecht riechen"? Bin ich der Macker in der Beziehung und versuche alles zu dominieren, damit meine Frau nicht merkt, wie unsicher ich bin? Oder bin ich lieber dann gerade von Anfang an das Weichei, das als „Gang-Go" (CH für "Gehe mir doch...") immer alles übernimmt, um ja nicht anzuecken oder meiner Partnerin weh zu tun? Da gibt es reichlich Stolpersteine, wo ich daran hängen bleiben kann und darüber hinweg steigen sollte.

Beruf(ung): Wie komme ich mir als Lernender, Azubi in der Ausbildung, als „Büezer" (CH für Arbeiter) in einem Beruf, als Hirnathlet an der Hochschule oder als fixfertiger oder gar schon erfahrener Berufsmann vor? Bin ich da angekommen, wo ich hinwollte? Kann ich mich als Profi mit Haut und Haaren voll ausleben und den Beruf auch als Nahrung erleben? Bin ich in meinem Beruf über- oder unterfordert? Oder bin ich irgendwo stecken geblieben, weiss nicht, wohin (weil ich ja ein Looser oder ein Alleskönner bin ...), habe ich immer wieder eine Ausbildung abgebrochen? Habe ich gelernt, halt ein Idiot zu sein und es nicht weiter zu bringen? Gehe ich einfach jobben für die Kohle oder bin ich voll und ganz in meiner Berufung als Mann angelangt? Wo bist du gerade?

Führungsrolle: Wie komme ich mit meiner Rolle als Vorgesetzter oder Chef zurecht? Werde ich allen Bereichen meiner Führungsrolle gerecht? Habe ich Zeit und Geduld, mich mit meinen MitarbeiterInnen und speziell mit meinen Azubis auseinanderzusetzen? Kann ich als Chef genügend Struktur geben, dass sich meine Mitarbeiter gehalten fühlen – und kann ich gleichzeitig Freiräume geben, wo sie sich verwirklichen können? Kann ich Mentor oder väterlicher Vorgesetzter sein für jüngere Menschen, gerade auch für jugendliche Männer?

Aufgabe: Was ist meine Aufgabe in der Gesellschaft, in der ich lebe? Wo ist der Ort, wo ich meine Fähigkeiten als Mann, als Berufsmann, als Mensch zugunsten der Gesellschaft ausleben kann? Habe ich den Mumm, etwas zur Gesellschaft beizutragen, diese durch eine Idee von mir zu bereichern? Engagiere ich mich im Berufsverband, als Lehrmeister, als Politiker, als erfahrener Sportler für junge Sportler, als Künstler und Artist, im Verein etc.?

Gesundheit: Was heisst es, gesund zu sein für mich? Wie erlebe ich meine Gesundheit als Balance zwischen zu viel und zu wenig? Habe ich die Eier, mich für meine eigene Gesundheit einzusetzen, zu mir zu schauen, herauszufinden, was für mich gesund ist – ganz egal, was die anderen dazu sagen? Vielleicht weniger oder anders zu arbeiten? Mehr oder weniger Sport? Mehr oder weniger Regeneration – aktiv und passiv?

Spiritualität: An was glaube ich? Bin ich Atheist oder Buddhist? Kann ich zu der christlichen Tradition, in der wir hier hauptsächlich aufwachsen, eine Verbindung herstellen? Fühle ich mich mit etwas Grösserem verbunden, einem Gott oder einer schöpferischen Kraft? Wo ist meine Seele zu Hause? Was für einen tieferen Sinn hat mein Leben und was bedeutet für mich der Tod?

Aktualität: Kann ich ein Bewusstsein darüber entwickeln, wie meinem aktuellen Lebensabschnitt entsprechend mein Leben jetzt sein sollte? In welchem Abschnitt stehe ich gerade, was sind meine jetzigen, neuen Aufgaben, welche sind passé? Was habe ich loszulassen, neu zu definieren?

Alter: Was heisst es als Mann, würdig, stimmig und kraftvoll alt zu werden? Empfinde ich gemäss den gängigen gesellschaftlichen Vorgaben mein Altwerden primär als Defizit? Oder kann ich darin Reife, Weisheit und Ruhe erkennen und schätzen? Nehme ich auch als Senior eine selbstbewusste Rolle als Mann in der Gesellschaft ein? Oder lasse ich mich vom Ewig-jung-Fimmel anstecken und mich von den entsprechenden Märkten und Produkten vereinnahmen?

....

So viele Fragen! Es geht meiner Meinung nach bei einem individuellen Wachstums- und Reifeprozess als Mann und Mensch in der heutigen Zeit darum, dich diesen Themen zu stellen und auf die meisten dieser Fragen im Verlauf deines Lebens Antworten zu finden – zum Teil du mit dir alleine, zum Teil mit der Hilfen von Begleitern, Coaches, Mentoren und Therapeuten – hin zu einem Mann mit **einer gereiften Männlichkeit**, hin zum **Ganz-und-gar-Mann-sein!**

Ja, mach dich auf die Reise zu dir selbst! Es gibt vieles zu entdecken. Du wirst Untiefen antreffen, aber v. a. auch deine glanzvollen, starken, unverwechselbaren und attraktiven Seiten kennenlernen. Eine Untiefe, die du genau kennst und integriert hast, ist von diesem Zeitpunkt an eine Ressource für dich!
Und ... diese Reise ist eigentlich nie zu Ende, weil wir, wie wir oben gesehen haben, in jedem Lebensabschnitt wieder neue Themen haben, mit denen wir uns auseinandersetzen sollen, wollen, können ... müssen!

Mit der Reise in die Elemente in den folgenden Kapiteln möchte ich dir dabei Hinweise und Anregungen geben und Hintergründe aufzeigen, die dir dabei helfen können. Natürlich stehe ich dir auch gerne als Männercoach im 5-Elemente-Coaching live oder online zur Seite (siehe auch meine Homepage - https://www.ganz-und-gar-mann-sein.ch/5-elemente-coaching-angebote/).

Meine persönliche Reise hat mich über viele Stationen geführt und sie geht immer weiter. Und so habe ich als kleinen Auszug aus meiner Biografie beispielsweise folgende, für mich essenzielle, mich prägende und bereichernde Erfahrungen gemacht:

- Als junger Zahnarzt nach dem Staatsexamen in der Assistenzzeit hatte ich meine erste, tiefe und schmerzliche Beziehungskrise, die zur Trennung und zu einer 5-jährigen Psychotherapie führte, in der ich mich u. a. mit meinen Gefühlen vom Versagen in der Beziehung auseinander-setzte.
- Wegen eines Burn-outs und chronischen Erkrankungen habe ich mehrere Aufenthalte in der „Casa Betulla" gehabt, in welchen ich mich „in house" in einer intensiven Prozessarbeit besser kennenlernen durfte [1].
- Als spirituell Suchender habe ich in der christlich-reformierten Erziehung zu wenige Antworten für meine vielen Fragen gefunden und habe mich nach langem Suchen dann intensiv mit der tibetisch-buddhistischen Tradition des Dzogchen auseinandergesetzt, wo ich von einem Lehrer begleitet wurde.
- In den letzten Jahren bekam ich mehr und mehr Hinweise auf meine traumatische frühe Kindheit und habe daran mit einem Traumatherapeuten 3 Jahre gearbeitet. Es ist für mich heute von grösster Bedeutung, meine intensive Prägung durch diese Traumata zu kennen und sie heute auch als Ressource zu nutzen.
- Bei der Trennung und Scheidung von meiner ersten und bisher einzigen Ehefrau habe ich mit einem Männerarzt und Coach an einem neuen Selbstverständnis und -bewusstsein gearbeitet und so u. a. mein erstes Buch geschrieben.
- Noch unlängst arbeitete ich intensiv online mit einem integralen Coach aus den USA an meinen Suchtthemen, was mir

nach und nach einen völlig neuen Horizont für mein jetziges Leben eröffnete.
- Durch die Entdeckung meiner Hochsensibilität, das Studium von viel Literatur dazu und die Arbeit mit zwei Coaches damit habe ich einen ganz wesentlichen Teil von mir kennen und schätzen gelernt; auch habe ich deswegen mein Leben ziemlich umgestellt, was mir viel neue Lebensqualität bringt (siehe auch Kapitel Grundlagen).
- Weitere biografische Angaben zu meiner Person wirst du im Verlauf des Buches erfahren, speziell bei den einzelnen Elementen, oder auf meiner Homepage unter https://www.ganzheitliches-institut-schweiz.ch/persoenliches/ueber-mich-hintergruende/

7. Kapitel: Eine Reise in die Elemente - in die elementaren Kräfte des Mann-seins:

In den vorherigen Kapiteln haben wir uns ausgiebig auf die nun folgende Reise vorbereitet – Studium der Karten, Reiseführer, Handling des GPS, Studium des Klimas und des Wetters am Zielgebiet, Rucksack mit Notriemen (Verpflegung) packen, gutes Schuhwerk anziehen, den Regenschutz und die Sonnencreme bzw. Sonnenhut einpacken ...

Nun folgt also die Reise und das Eintauchen in die elementaren Kräfte des Mannes und diese wollen wir nun ganz konkret in Angriff nehmen! Wir wollen anhand der klassischen, abendländischen Elemente ganz wesentliche Aspekte des heutigen, aktuellen und kraft- und lustvollen Mann-seins samt seinen Schattenseiten entdecken und für uns im täglichen Leben nutzbar machen. Diese sind:

1. Das Element **FEUER** =
   der feurige, lebendige, lebenswütige, sexuelle, wilde Mann
2. Das Element **ERDE** =
   der körperliche, geerdete, genährte, sinnliche, beheimatete Mann
3. Das Element **WASSER** =
   der humorvolle, herzoffene, emotionale, fürsorgliche, flexible Mann
4. Das Element **LUFT** =
   der atmende, wissende, verstehende, integrale, geistige Mann
5. Das Element **RAUM / QUINTESSENZ** =
   der spirituelle, sehende, in sich ruhende, weise Mann

Wenn wir uns in den folgenden Kapiteln nun ausführlich mit den 5 Elementen beschäftigen wollen, dann ist es für mich wesentlich, dass wir wissen, wo wir uns gerade befinden. Gemäss der buddhistischen Philosophie ist es so, dass wir zwischen einer relativen und einer absoluten Ebene oder Welt unterscheiden. Die Betrachtung des Mann-seins macht nur auf der relativen Ebene Sinn, da es die Dualität des Geschlechtes auf der absoluten Ebene in dieser Form nicht mehr gibt. Charakteristisch für die **relative Ebene** ist, wie wir es auch aus der traditionell-chinesischen Philosophie – dem Daoismus – kennen, dass wir uns hier auf dieser Welt, der Erde, befinden und **in einer polaren Welt bewegen**. Diese Polarität zeigt sich z. B. folgendermassen:

- Tag und Nacht
- innen und aussen
- oben oder unten
- Winter und Sommer
- Licht und Schatten
- Mann und Frau
- männlich und weiblich
- Yin und Yang

Das Wesentliche dabei ist nun, dass es in diesem grundlegenden Verständnis ganz normal ist, dass wir hier auf der Erde nun Männer und Frauen haben, die in ihrem Wesen ebenso grundsätzlich männlich oder weiblich sind.

Was die Elemente betrifft, sind FEUER, ERDE, WASSER und LUFT Grundkräfte, die in ihrem Wesen auch polar sind. Beim Element RAUM/QUINTESSENZ lösen sich dann diese Pole auf und wir befinden uns dann auf der **absoluten Ebene**.

Um nun einen zunehmend intensiveren Geschmack der einzelnen Elemente zu bekommen, schauen wir uns neben den Schlagwörtern in der Aufzählung nebenan nun ihre Kurzcharakterisierungen an:

Das Element FEUER

- vollkommende Präsenz im Körper
- aufrechte Haltung, sich zeigen
- Mut und "Pep" haben
- zu seiner Meinung stehen und seine Integrität verteidigen
- Umgang mit Wut als Lebenskraft lernen (in Abgrenzung zu Aggression und Gewalt)
- seine Sexualität leben, ohne seine eigenen Grenzen oder die Grenzen anderer zu verletzen
- den wilden, freien und unabhängigen Mann in sich entdecken
- wilde, heftige Bewegung geniessen (ohne dabei jemanden zu verletzen)
- *Schattenaspekte: Aggression, Neigung zu Übergriffen, Dominanz*

Das Element ERDE

- sich nähren und genährt sein
- gute und gesunde Nahrung
- in sich selber zu Hause sein
- ein wirkliches, äusseres, eigenes Zuhause haben
- Pflege des Körpers
- seine Wohnung und die Toilette selbst zu reinigen
- seine Kleider selbst zu waschen
- zur richtigen Zeit medizinische Hilfe suchen und annehmen
- Fitness, physische Kraft
- Sinnlichkeit erleben und geniessen
- *Schattenaspekte: Trägheit, Übergewicht, aussen fix – innen nix*

Das Element WASSER

- sein Herz öffnen, tiefe Liebe spüren
- gute Gefühle für sich selbst haben
- seine Gefühle anderen gegenüber ausdrücken können

- Anpassungsfähigkeit
- seinen eigenen "Flow", Lebensfluss finden
- spielerische Sorglosigkeit leben
- sich radikale Selbstfürsorge schenken
- Fürsorge für andere leben
- emotionale Intelligenz entwickeln
- für sich herausfinden, was Liebe ist
- *Schattenaspekte: sich als Looser, Opfer fühlen, verloren zu gehen*

Das Element LUFT

- bewusst leben
- sich und die Welt verstehen und annehmen
- neugierig sein
- deinen Körper von den Zehen bis zu den Haarwurzeln mit Energie ausfüllen – durch tiefe und volle Atmung
- eine ureigene Meinung haben und dazu stehen
- Visionen für sich und sein Leben entwickeln und sie dann umsetzen
- Freude an guten Gesprächen haben
- *Schattenaspekte: als "Kopffüssler" unterwegs sein, arrogant, kurzatmig zu sein*

Das Element RAUM/QUINTESSENZ

- die Stille in sich entdecken
- in sich ruhen können
- Achtsamkeit jenseits der spirituellen Traditionen leben
- sich für die auf der Welt gelebten Weisheitstraditionen interessieren
- Meditation und Kontemplation kennenlernen und praktizieren
- sich als Teil eines Grossen & Ganzen erleben
- Lebensweisheit zum Ausdruck bringen
- gelassen und selbstbewusst älter bzw. alt werden

- *Schattenaspekte: spiritual bypassing, als Eremit leben, nicht lebendig in "Fleisch-und-Blut" zu sein*

Letztendlich leben wir idealerweise alle 5 Elemente zusammen, ausgewogen und gleichzeitig. Sie dienen als eine Orientierungshilfe, die wir immer wieder, gerade auch bei Standortbestimmungen und beim Übergang in einen neuen Lebensabschnitt, von Neuem überprüfen und aktualisieren wollen.

Die 5-Elementearbeit der ganzheitlichen Männerarbeit wende ich v.a. im individuellen, analogen oder digitalen Einzelcoaching an.

8. Kapitel: Das Element FEUER = der feurige, lebenswütige, sexuelle, wilde Mann

Am Anfang steht das Feuer, das uns auf die Beine bringt, das uns aufstehen und uns aufrappeln lässt, das uns wärmt und nährt. Ja, und vielleicht ist es auch ein bisschen „das Feuer unter dem Hintern ...", das wir benötigen, um unsere Komfortzone zu verlassen, dass uns heiss genug ist, damit wir bereit sind, unsere eingefahren Muster wirklich zu hinterfragen, aufzubrechen und mit der Lava aus dem Erdinneren zu verflüssigen, auszubrechen, sich mit dem bordeigenen Vulkan der Erneuerung – wie der Phönix aus der Asche – zu erheben, um dann neues Leben generierend zu erstarren – das uns die Kraft verleiht, ein neues, zeitgemässes Muster, einen neuen Lebensentwurf als Mann zu wagen ...

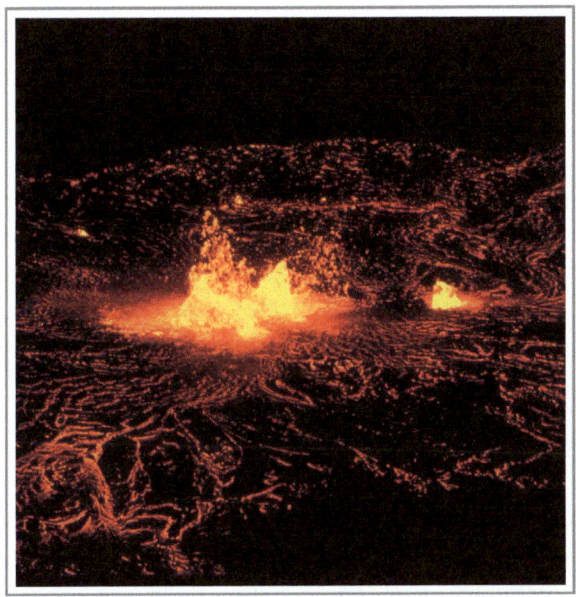

Wenn das Feuer durch Blitzschlag in der freien Natur vorkommt, so hat es in der Regel **einen natürlichen, erneuernden und lokalen Effekt**. Gewisse Pflanzen, gerade Bäume, z. B. die Mammutbäume, sind geradezu darauf angewiesen, dass es diese Brände gibt, wegen der Vernichtung von anderen konkurrenzierenden Pflanzen bzw. Büschen und v. a. auch wegen des hohen Düngeeffekts, den die Asche mit sich bringt. In Australien werden durch die Aborigines seit 50'000 Jahren kontrollierte Feuer gelegt, um natürlich auftretende Feuer zu beherrschen.

Sobald dann diese Feuer nicht mehr innerhalb eines natürlichen Zusammenhangs auftreten bzw. von Menschenhand gelegt werden – wegen des Klimawandels, zur Brandrodung oder gar absichtlich als Brandstiftung – können wir in den heutigen Medien sozusagen live die ungeheure zerstörerische Kraft des Feuers erleben, das dann – wie im Jahr 2019 in Brasilien, Kalifornien (USA) und Australien – kaum mehr kontrolliert bzw. gelöscht werden kann und es werden dabei grosse Territorien samt Häusern und Infrastruktur zerstört.

Und es geht auch ein bisschen um den **Kontext unserer Wurzeln** (roots), zum Beispiel, dass wir Schweizer, die legendären **Eidgenossen**, früher ein feurig-wilder Haufen waren, die freiheits-liebend, vital, selbständig, lebens- und rauflustig und zäh den einsamen Bergregionen der Alpen ihren Lebensunterhalt abgerungen hatten. Unsere, meine Ururgrossväter waren noch Bauern im Berggebiet. Wenn ihnen etwas nicht gepasst hat, dann haben sie ihre Fäuste nach Chur bzw. Bern erhoben und geschüttelt, haben nötigenfalls die Morgensterne und Hellebarden von den Wänden ihrer Häuser genommen, ihr Hab und Gut verteidigt und die Dinge selber in die Hand genommen. Ja, sie haben sich – neben dem, dass sie erwiesenermassen auch untereinander ziemlich streitbare Gesellen waren – regelmässig auch zusammengeschlossen, um Aggressoren von aussen den Garaus zu machen. Die Eidgenossenschaft wurde aus heutiger Sicht der Geschichtsschreibung v. a. auch gegründet, damit die kräftezehrenden, häufigen Fehden untereinander besser geschlichtet und geklärt werden konnten … schon damals gab es in der

Schweizer Geschichte die konstruktive und zerstörerische Dimension des Feuers!

Stichworte zu **den feurigen Aspekten des Mann-seins**:
- in einem kraftvollen, fitten Körper mit „Pep" (Pepper = Pfeffer) zu wohnen
- aufzustehen, sich zu erheben, sich zu recken und zu strecken, tief und voll zu atmen, aufrecht zu stehen und sich zu zeigen.
- mutig dem Leben ins Auge blicken
- beim aufrechten Gang durch die Menschen mit offenen und klaren Augen den Mitmenschen begegnen
- eine strahlende, kreative Lebenswut und Lebenskraft in sich tragen und dafür sorgen, dass diese reine Wut (siehe auch später) nicht als Aggression oder Gewalt auf Abwege gerät
- feurige Begeisterung und Lebensfreude leben und feiern
- im feurigen Liebhaber steckt ein sexueller Mann, der seine sexuelle Lust ganz und gar auskostet - für sich alleine (sein eigener Liebhaber) und mit einer Partnerin
- der sexuelle Mann hat seine Lust und seinen erigierten Penis gern und kann seine sexuelle Kraft als Lebensenergie nutzen
- für etwas oder für jemanden „Feuer und Flamme" zu sein
- sich seinem inneren Feuer, seiner enormen Schaffenskraft mitsamt ihren potenziell zerstörerischen Aspekten stellen
- bei Auseinandersetzungen stehen bleiben, sich stellen und dem Gegenüber gerade in die Augen blicken
- rauen, herzlichen Umgang und Sprache unter Männern pflegen und geniessen
- für eine Lebensvision im Herzen brennen und für sich, seine Lieben und die Mitmenschen etwas Handfestes auf die Beine stellen
- Autonomie leben und sich nicht von seiner Umgebung einengen, kastrieren lassen
- bestimmt NEIN sagen, wenn es sich wie Nein anfühlt
- seinen Platz in der Familie und Gesellschaft einnehmen, ausfüllen und halten

- *Schattenaspekte: aggressives Verhalten, Gewalt, Tyrannei, Überheblichkeit, zu Übergriffen neigen; oder Scham, Kraftlosigkeit, Depression, Selbstzerstörung (Autoaggression)*

Das Feuer als positive Schlüssel-Energiequelle ist für mich eine der zentralen und wichtigsten Kräfte beim Aufbruch zu und bei der Ausgestaltung eines neuen Mann-seins heute!

Wir werden im Rahmen der Elementereise in den folgenden Kapiteln auf mehrere Kraftquellen oder Schlüsselenergien für uns Männer stossen, sie kennenlernen und mit ihnen zu arbeiten beginnen. Diese werden dann im letzten Kapitel, im Kapitel 13, nochmals in ihrer Essenz zusammengefasst.

FEUERLAUFEN

Und da kommen mir bei diesem Thema schlagartig auch meine Feuerläufe[19] in den Sinn (siehe auch Titelbild des Buches), die ich in den letzten 15 Jahren gemacht habe.

Da geht es darum, dass du durch eine ganz spezifische, feurig-freudige Vorbereitung durch entsprechend geschulte Fachleute einfach so in die Lage versetzt wirst, mit deinen nackten Füssen über 700 Grad heisse Glut zu gehen ... das ist also ein wirklich total abgefahrenes Gefühl ... alles, was du in der Schule und Hochschule in der Physik und anderen Wissenschaften in diesem Kontext gelernt und gepaukt hast, ist vorübergehend einfach nicht mehr gültig, ausgehebelt!
Und es ist eine Realität – darum knipsen sie dir auch ein Foto, wenn du über den Megagrill gehst – denn abgesehen von extrem schmutzigen Füssen, die du dir mehrere Male über das Feuer gehend geholt hast, ist da einfach dieses umwerfende, grossartige, unglaubliche Gefühl des Am-Ziel-angekommen-zu-sein in dir ... danach ist in dir etwas anders, etwas verrückt, da ist dann die Erfahrung entstanden, dass du ganz und gar wach und lebendig bist und dass du eigentlich alles erreichen kannst, was immer du willst ... wenn du es nur willst und dich richtig darauf vorbereitet hast!
Und da gibt es natürlich auch das eher tragische Beispiel eines Bekannten, den ich auf einer Reise in einem Hotel in New Delhi in Indien traf, der an einem hinduistischen Fest mit einem Feuerritual teilgenommen hatte, dabei leider sprachlich kaum verstand, was gesagt wurde, und sich so gottserbärmlich seine Flossen verbrannt hatte, dass er zwei Monate nicht mehr gehen konnte ... also, so gesehen ist es nicht ganz ungefährlich, das Spiel mit dem Feuer, Männer!

EIN FEURIGES GEFÄHRT

Im Weiteren ist da ein ganz persönliches, individuelles Experiment zum Thema Feuer, auf das ich mich kürzlich eingelassen hatte: Es bot sich mir als einmalige Gelegenheit, mein bisheriges Auto zu einem BMW Z4 mit 3,5 Litern Hubraum und 300 PS einzutauschen ... kurz gesagt: Ich konnte und wollte nicht widerstehen!

Natürlich waren zuallererst alle möglichen Gedanken und Bewertungen da, die mir da durch den Kopf gingen:

- Was musst du damit kompensieren?
- Hast du als kleiner Junge zu wenig Spielzeug gehabt?
- Potenzersatz?
- Endlich ein standesgemässes Fahrzeug gemäss dem lebendigen Klischee als Arzt? Etc.

Nein, ich bemerkte ganz klar und deutlich in mir: Es ging mir in erster Linie um den Mut und die Bereitschaft zur Auseinandersetzung mit der unglaublichen Kraft, die in diesem Gefährt steckt, einer feurigen, aufbauenden, vorwärtstreibenden Kraft mit einem enormen, zerstörerischen, missbräuchlichen Potenzial! Dies war eine Einladung an mich zum Verlassen der Komfortzone, um mich über ein Symbol der schieren Kraft mit meiner eigenen, inneren, unglaublichen Power als (wilder) Mann auseinanderzusetzen.

Es ging mir darum, allen kritischen Stimmen und Bewertungen zum Trotz mich auf diese Auseinandersetzung mit dem Feuer in mir einzulassen ... und mit dem ganzen Potenzial dieses Wagens zu arbeiten: Stillstand und Ruhe – Gemächlichkeit – enorme Beschleunigung und Schnelligkeit – Gefahr für einen Crash ... mit einem Symbol für eine Urkraft zu arbeiten. Und es war mir dabei klar, dass die allerwenigsten Männer, die einen Sportwagen fahren, sich der archetypischen Dimension dieses Tuns wirklich bewusst sind; sie ahnen es vielleicht, können diese Auseinandersetzung mit dem Feuer aber nicht für sich im täglichen Leben als Männer nutzbar machen ... davon aber weiter unten noch mehr – beim wilden Mann!

Dann gab es sie auch immer wieder, die Momente der Scham, wo ich mich dabei ertappte, zu denken und zu fühlen, dass ich das gar nicht darf, gar nicht kann und mich für mein Auto und dabei eigentlich für meinen eigenen Mut zum Leben, für meine ganze Power schämen muss ... der **Schatten des Feuers** lässt grüssen – diesmal ist es nicht derjenige, der überschiesst, verletzt oder übergriffig ist, sondern im Gegenteil derjenige, der mich klein, verschämt, mit der permanent angezogenen Handbremse und als Looser zurücklässt ...

Gerade sass ich zu Hause auf meiner Terrasse und da hörte ich das wütige, absichtlich laute Grollen eines Motorrades und dann 2 Minuten später das tiefe Brüllen eines Automotors beim Gas geben ... und mit 99,9%-iger Sicherheit sassen da auch Männer auf diesen Bikes oder in diesen Schlitten! Und damit verbunden ist da unzweifelhaft diese feurige, angsteinflössende Kraft, die hiermit für diese Männer abrufbar, erlebbar gemacht wird und die ihnen ermöglicht, diese dann an einem bestimmten Ort absichtlich laut auch anderen zu zeigen. Überzufällig oft kommt dieses Verhalten an markanten Stellen in einer Stadt vor, wo andere draussen sitzen, wo man sich trifft ...

DER WILDE MANN IN DIR

Da haben wir sie schon wieder – sie ist auch schon im letzten Abschnitt in der Meditation über den BMW Z4 da gewesen – diese **grosse Sehnsucht von uns Männern**, sich mit unserer tiefen, grossen Lebenskraft, dem wilden Mann zu verbinden. Der wilde Mann ist eine mythologische, eine archetypische Figur, die immer wieder in

den Köpfen, Herzen und Körpern von Männern auftaucht – auftaucht, um gelebt zu werden. Da kommen uns natürlich auch Wesen wie der Yeti oder Bigfoot in den Sinn, um die sich seit Jahrhunderten viele Geschichten und Fantasien ranken.
An dieser Stelle möchte ich dir ein Zitat aus dem Buch **„Männer auf der Suche"**, einem Klassiker in der Männerarbeit, von **Steven Biddulph**[20], aus dem Kapitel **„Die Begegnung mit dem Wilden Mann"**, vorstellen:

> *„Diese Figur ist nämlich einerseits in jedem Mann beheimatet, sie hat aber auch ein unabhängiges Dasein. Sie ist zugleich Ausdruck unserer Strahlkraft und lehrt uns diese - sie verkörpert also unsere Vitalität, unsere Wildheit, unsere Grösse und Spontaneität. Der wilde Mann lehrt uns, dass wir nicht so tun müssen, als seien wir gut, sondern dass wir vielmehr eine - in uns schlummernde - immense Kraft und Integrität zu entfalten vermögen, wenn wir diesem Potenzial in uns nur vertrauen..... Wenn wir gut sind, so ist das schon eine ganze Menge - lassen wir uns aber von unserer Wildheit tragen, dann sind wir genial. Jeder Mann, der Dinge macht oder baut, der einen Garten anlegt, der ein Jazzinstrument spielt, der je ein Liebhaber gewesen ist, weiss, dass wir „besser" sind, wenn wir loslassen und uns unseren Impulsen hingeben. Denn unter solchen Umständen gewinnen die natürlichen Rhythmen in uns die Oberhand und bringen unsere wahren Talente zum Vorschein ..."*

Der wilde Mann will in uns Männern wachgerüttelt und aufgeweckt werden – er wartet sozusagen in jedem von uns darauf! Früher waren Initiationen für Männer ein fester Bestandteil des männlichen Werdegangs. Während dieser Rituale wurde in den jungen Männern mit der Hilfe und unter der Anleitung von älteren und alten, erfahrenen Männern der wilde Mann geweckt. In jedem von uns steckt dieser wilde Mann in irgendeiner Form!

ÜBUNG 2:
Hast du deinen wilden Mann ihn in dir schon entdeckt, freigesetzt?
Hast Du es gewagt?

> *Wie sieht dein wilder Mann aus, wenn er dann so richtig „Gas gibt"*
> *oder loslegt?*
> *Oder wartet der arme Kerl immer noch irgendwo in dir auf sein „coming out"?*
> ....
> ....
> ....
> *(Nimm ein Blatt Papier oder hast du schon ein Tagebuch und beschreibe ihn!!!)*

DER SCHATTEN DES NICHT GELEBTEN, WILDEN MANNES

Um zum Beispiel zu den dröhnenden Motoren der Bikes und getunten Schlitten zurückzukehren – da erleben wir diese Sehnsucht nach dem wilden Mann in einer unvollkommenen, mehr oder weniger pervertierten Form; diese hat den unfassbar grossen Nachteil, dass nur gerade der Moment dir ein Gefühl für den wilden Mann vermittelt, wo du auf dem dröhnenden, stampfenden, lauten Motor sitzt und dieser dich durchvibriert ... und dann ... irgendwann aber kehrt unweigerlich und ganz beklemmend der Alltag zurück, wo nicht viel oder gar nichts von diesem wilden Kerl mehr in dir zu spüren ist oder gar an deinem Äusseren zu erkennen ist – die „Implosion" des wilden Mannes ... zurück bleibt oft der verunsicherte, sich künstlich cool verhaltende und sprechende, sich cool kleidende, junge Mann, der seine Not mit allen Mitteln zu verbergen sucht ...

Und dann kommt wegen der heutigen Ignoranz und des Versagens unserer Männerkultur in der Vermittlung des Archetypen „wilder Mann" und der fehlenden Erweckung desselben in uns ... ja, dann kommt bei uns Männern mit der Zeit oft die Wut, der Frust, die Scham, der Alkohol, die Droge, der Fick, die Gewalt an uns selber oder an anderen, das mutwillige Demolieren von irgendetwas etc. ... oder gar, wenn wir ganz lang nicht in unseren wilden Mann initiiert werden, oft auch die Sucht als Ersatz – Alkohol, Drogen, Spielen, Internet, Pornos und mehr! Hier haben wir es dann wieder mit dem Schatten des Feuers bzw. mit dem Nicht-Leben des Feuers als wilder Mann zu tun. ...

Und nun etwas ganz anderes ... Faszinierendes ... ein Gedicht.

DAS LICHT IM FEUER - BEGEISTERUNG - FREUDE

Und ebenso zum Element Feuer gehört eines meines Lieblingsgedichte, das Gedicht von **Marianne Williamson**[21], das eine weltweite Bekanntheit durch **Nelson Mandela** erlangte, als dieser es bei seiner Freilassung aus dem Gefängnis rezitierte:

„Unsere tiefste Angst ist nicht,
daß wir unzulänglich sind,
unsere tiefste Angst ist,
daß wir unermeßlich machtvoll sind.
Es ist unser Licht, das wir fürchten,
nicht unsere Dunkelheit.
Wir fragen uns: "Wer bin ich eigentlich,
daß ich leuchtend, hinreißend,
begnadet und phantastisch sein darf?"
Wer bist du denn, es nicht zu sein?
Du bist ein Kind Gottes.
Wenn du dich klein machst,
dient das der Welt nicht.
Es hat nichts mit Erleuchtung zu tun,
wenn du schrumpfst,
damit andere um dich herum
sich nicht verunsichert fühlen.
Wir wurden geboren,
um die Herrlichkeit Gottes zu verwirklichen,
die in uns ist.
Sie ist nicht nur in einigen von uns:
Sie ist in jedem Menschen.
Und wenn wir unser eigenes Licht
erstrahlen lassen,
geben wir unbewußt anderen Menschen
die Erlaubnis, dasselbe zu tun.

> *Wenn wir uns von unserer eigenen Angst befreit haben, wird unsere Gegenwart ohne unser Zutun andere befreien."*

Bei diesem Gedicht geht es um den **Aspekt des Lichtes**, das neben der Hitze im Feuer präsent ist. Es geht darum, unser Licht erstrahlen zu lassen, als wilde Männer, als Männer, die dieser Welt etwas zu bieten haben, auf die diese Welt gewartet hat. Es geht um unsere vielen Fähigkeiten, die wir der Welt nicht vorenthalten sollten, die wir mutig leben sollten und die wir zum Nutzen von allen Wesen auf dieser Welt und zum Nutzen des grossen Ganzen einsetzen sollten.

Eine grosse Kraft, die im Feuer wohnt, ist die Begeisterung, die Ausstrahlung und die Freude. Wenn wir für etwas oder jemanden „Feuer und Flamme" werden, dann setzt das grosse Kräfte in uns frei. Gerade jetzt, wo ich an diesem Buch schreibe, überkommt mich immer wieder eine grosse Begeisterung, eine Freude und manchmal kann ich dann kaum mehr aufhören. Da helfen mir dann die Kräfte anderer Elemente, wie die der Erde und des Raums bzw. der Quintessenz, um nicht von der „Feuersbrunst" der Begeisterung davon-getragen zu werden. Es geht also um Inspiration, um eine manchmal grundlose Freude am Leben oder darum, an einem Projekt beteiligt zu sein oder ein persönliches Ziel zu erreichen. Wenn wir entflammt sind von etwas, entfalten wir eine fast unwiderstehliche Ausstrahlung, ein Strahlen um uns herum, das ansteckend ist und uns fast jedes Ziel erreichen lässt!

Ich bin der Überzeugung, dass jeder von uns begeistert wird, wenn es um etwas Zentrales, Wichtiges geht in seinem Leben, um eine Erfahrung, die er machen soll. Jeder von uns Männern ist mit einem Anliegen, mit gewissen Qualitäten und Fähigkeiten in dieses Leben gekommen. Als Buddhist sage ich: Du hast dich inkarniert, um eine für deine Seele wichtige Erfahrung zu machen. Wenn du entflammt

wirst in deinem Herzen von einem Thema, dann bist du sehr nahe an einem grossen Lebensthema von dir!
Gerade auch, wenn unsere Begeisterung uns davontragen will, empfehle ich dir die im nächsten Unterkapitel „Wut" vorgestellte Übung 3, die dir hilft, die Essenz dieser Begeisterung, die Hauptrichtung oder den Ausgangspunkt der Handlung, die Ausrichtung deiner Kraft darin, zu erkennen.

Was begeistert dich?
Welche Talente und Begabungen hast du?
In was bist du besonders gut?
Mit welcher Begeisterung kannst du andere, gerade auch jüngere Männer, bewegen, dass sie dir nacheifern oder in sich so noch weitere, ganz eigene, vielleicht noch grössere Begabungen entdecken?
Für was brennst du?

DIE HITZE IM FEUER - DER MUT ZUR WUT ALS LEBENSKRAFT
~~(OHNE GEWALT)~~

Und nun soll es um den Aspekt der Hitze im Feuer, einer der stärksten Kräfte in uns – um **die Wut** – gehen. Es gibt eine ganz essenzielle, gesunde Wut, die unser Leben gerade auch als Männer kraftvoll und positiv gestaltet. Jedoch gibt es auch viele krankhafte Formen, einerseits der unterdrückten Wut – beim Mr. Nice Guy – oder auch andererseits jede Menge Ausdrucksformen von ungesunder, ausgelebter, unreifer Aggressivität bis hin zur Gewalt, wenn die Wut auf Abwege gerät.

Zu diesem Thema hat der amerikanische Psychologe **Robert Augustus Masters** ein meiner Meinung nach bahnbrechendes Buch geschrieben: **„TO BE A MAN - a guide to true masculine power"** (ein Mann sein – eine Wegleitung zu wahrer männlicher Kraft)[5]. Für diejenigen von euch, die die englische Sprache verstehen, kann ich die Lektüre und Auseinandersetzung mit diesem Buch wärmstens empfehlen.

Wut gilt fast in allen Kulturen und v. a. auch in vielen spirituellen, religiösen Traditionen als etwas Negatives, auf das wir uns gar nicht einlassen sollten. Ich stimme jedoch mit Masters überein, wenn dieser im Kapitel über Wut schreibt (meine Übersetzung ins Deutsche ist sinngemäss):

> *„Anger comes with being human!"*
> *(„Wut ist etwas ganz und gar Menschliches!")*
> *„Anger and Aggression is not the same thing!"*
> *(„Es ist wichtig, eine Unterscheidung zwischen Wut und Aggression zu machen.")*
>
> *„There is a raw intensity in anger that is central to masculinity, manifesting as a full-blooded muscularity of intention that roots our legs that expands our chest and increases our blood-flow to our arms, providing us with an on-tap fierceness that helps underline what we view as needing to be done!"*
> *(„Die rohe Form der Wut ist zentral für Männlichkeit, ein äusserst energiereicher Zustand, der unseren Körper in Gang bringt, eine pure Kraft, die uns auflädt und ausrichtet. Sie schafft Präsenz und zentriert uns. Dieser Zustand der Wut verleiht uns die Kraft das zu tun, was notwendig ist und lässt uns aus unserer Komfortzone herauskommen!")*
>
> *„A man stranded from anger is a man without power, but a man possessed by his anger is in no better position, being a danger of himself and others."*
> *(„Männer die von ihrer Wut abgeschnitten sind, sind kraftlos; aber diejenigen, die von ihr in Besitz genommen sind, sind eine Gefahr für sich und andere - beide leiden darunter.")*

Meiner Meinung nach gibt es nur ganz wenige Menschen und Männer, die ihre Wut durch eine konkrete Schulung ganz gezielt und konstruktiv nutzen können, ohne sie in irgendeiner Art abzuschwächen. Die meisten Männer schlucken sie entweder hinunter und richten sie gegen sich selber (Autoaggression), oder sie leben sie mehr oder weniger unkontrolliert aus als Aggression und Gewalt. Was die unterschiedlichen **Formen von Aggression** angeht, nehmen wir staunend zur Kenntnis, dass diese sich sehr unterschiedlich äussern[5]:

- *Feindseligkeit*
- *Sarkasmus*
- *böser Willen*
- *Verachtung*
- *Passive Aggression*
- *herzlose Kritik*
- *Gewalt*
- *Defensivität (Duden: Neigung zu abwehrender Haltung)*
- *überschiessende Härte*
- *böswillige oder beschämende Neckerei*
- *exzessive Wettbewerbsfähigkeit*
- *Einschüchterung*
- *Hass*

Wusstest du das?

Beides, Aggression und Gewalt, ist als Verhaltensmuster in diesem Verständnis ungesund, lässt uns leiden und kann geradezu zerstörerische Formen annehmen. Oft kopieren wir den Ausdruck der Wut unseres wichtigsten Vorbildes, unseres Vaters, in der einen oder anderen Art und Weise. Als Teenager lehnen wir uns dagegen auf und versuchen uns im Gegenteil davon, was oft in Ermangelung wirklicher, realer, männlicher Vorbilder (Grossvater, Lehrer, Chef, Sporttrainer etc.) dann auch nicht zum Ziel führt.

ÜBUNG 3: Wie gehe ich aktuell mit meiner Wut um?

Gemäss **Masters**[5] gibt es 4 Wege, wie wir Männer normalerweise mit Wut umgehen (sinngemäss übersetzt):

1. **Wut nach innen (anger-in):** Die Wut unterdrücken heisst, sie entweder „hochzusaugen" und im Kopf zu intellektualisieren und als exzessive, aggressive Rationalität, Logik und Vernunft auszuleben. Oder sie wird hinunter ins Becken gesaugt, wo sie sexualisiert wird und z.b. durch Masturbieren abgeladen wird. Beides führt zu einer Stausituation.
2. **Wut nach aussen (anger-out):** die Wut auszudrücken und als aggressive oder gar gewalttätige Handlung abzuladen; die Wut kann jedoch so in ihrer Essenz nicht abfliessen bzw. uns verlassen
3. **Bewusst gehaltene Wut (mindfully held anger):** die Wut zu betrachten, meditativ zu beobachten ohne sie auszudrücken, darauf zu sitzen und in dieser Weise zu unterdrücken
4. **Herzenswut (heart-anger):** die Wut wird ausgedrückt, aber in Anerkennung des Empfängers; dies ist die Qualität des zornigen Mitgefühls oder der Herzenwut und ist eine verletzliche Stärke mit Einnahme von klaren Standpunkten, aber ohne über jemandem zu stehen.

Welches ist dein Weg?
Nimm dir 10 Minuten Zeit, um darüber nachzudenken, darüber zu meditieren; wenn du dir deine letzte Wut nochmals zurückholst, was ist mit ihr passiert, was hast du mit ihr angestellt?

Trage hier oder in deinem Tagebuch das Resultat ein
....
....

Eine der grössten Ursachen für Aggressivität ist das **Erleben von Scham**, oft schon in der Kindheit oder im jugendlichen Alter. Scham und Beschämung hat eine enorme, destruktive Kraft über uns und es ist schwer, damit umzugehen. Dann kommt uns die Wut, in irgendeiner Form als Aggression ausgelebt, gerade recht, z. B. als böswillige und beschämende Neckerei oder als Einschüchterung.

Wut ist aber am Anfang und zuallererst **eine reine Kraft**, eine heftige Energie in uns, die als solche gespürt werden kann. Die Wut hat eigentlich zum Ziel, unsere Integrität zu wahren, unsere Grenzen zu sichern oder für uns unhaltbare Zustände zu verändern. Robert A. Masters[5] sagt (Übersetzung sinngemäss):

> *„Wut ist etwas grundlegend Reines, Wertvolles, äusserst Lebensförderndes, eine der stärksten Lebenskräfte in uns, die, falls es uns gelingt und wir sie einfach in uns halten können, keine negative oder zerstörerische Komponente hat".*

Sie lädt uns auf, lässt uns unseren Körper mit Kraft ausfüllen, uns aufrichten, ist ein energetisch reicher Zustand und weckt uns auf.

> So wird es also in der ganzheitlichen Männerarbeit um die Kultivierung und um die Nutzbarmachung unserer Wut gehen, um den Umgang mit dieser Urkraft in uns und darum diese an einen konstruktiven Ort zu lenken!

Ich habe in den Biografien von Mahatma Gandhi und Nelson Mandela gelesen und bin der Auffassung, dass diese beiden ausser-gewöhnlichen Männer u. a. auch Beispiele sind dafür, dass Wut transformiert werden kann, falls es gelingt, diese mit ganz zentralen, tiefen Lebensthemen zu verbinden.

MARSIANISCHE UND PLUTONISCHE AGGRESSION

Ich möchte an dieser Stelle noch ein Fenster zu einer weiteren Betrachtung öffen und einfügen. Es ist die durch **Rüdiger Dahlke**[22] geprägte polare Sichtweise, die eine sog. marsianische (Planet Mars) und eine plutonische (Planet Pluto) Aggression unterscheidet. Ich finde diese Unterscheidung interessant und sie lässt uns die verschiedenen Formen der Aggression in unserer Welt – im Aussen und im Innen – noch tiefer verstehen.

Wenn ich seine Aussagen mit meinen Erfahrungen und Erkenntnissen verbinde, dann können wir in diesem Modell folgende Formen der Aggression unterscheiden:

1. die männliche, marsianische Aggression: offen, direkt, Mann-zu-Mann, außen, Krieg, Auseinandersetzung, Streit, physische Gewalt, Infektion, Entzündung
2. die weibliche, plutonische Aggression: versteckt, innen, autoaggressiv, Bürgerkrieg, Terror, Suizid, Krebs, Autoimmunerkrankung

Dabei gibt es von beiden Arten der Aggression eine unerlöste und – vorausgesetzt, wir können sie in reine Wut zurückführen – eine erlöste Form!

Spannend ist auch, dass nach den Formen der Wut gemäss Robert A. Masters[5] wir je zwei eher marsianische und je zwei eher plutonische Formen sehen:

1. Wut nach innen (anger-in) = plutonisch, weiblich
2. Wut nach aussen (anger-out) = marsianisch, männlich
3. Bewusst gehaltene Wut (mindfully held anger) = plutonisch, weiblich
4. Herzenswut (heart-anger) = marsianisch, männlich

Gemäss dieser gemeinsamen Betrachtung wird uns klar und nochmals verständlicher, dass es für uns Männer vordergründig eine in dieser Form männliche, marsianische, beste Form der Wut gibt – **die Herzenswut** (siehe auch später in diesem Kapitel), die zu mutigen Taten und Selbstverwirklichung führt. Aber auch die Herzenswut kann, wie wir am Schluss dieses Kapitels sehen werden, nochmals in eine männlich-äusserliche und eine weiblich-innere Kraft und Anwendung aufgeteilt werden.

GEWALT

Die schliesslich stärkste Form des Schattens im Element Feuer ist die Gewalt. Hierzu nochmals ein Zitat aus dem Buch von Robert Masters[5] (mit sinngemässer Übersetzung):

> „Violence is the brass knuckles of aggression"
> = „Gewalt ist der Schlagring der Aggression"
>
> „It's a well-worn - and far-from-difficult - slide from anger to aggression to violence"
> = „Da gibt es ein ausgetretenes - und überhaupt nicht schwieriges - Gleiten, das uns von Wut über Aggression zu Gewalt führt"

Es gibt eigentlich nur eine Form der Gewalt, die wahrscheinlich weltweit anerkannt und legitimiert ist – die Gewalt, die jemand braucht, um sein eigenes, nacktes Leben oder das Leben von Familien-angehörigen bzw. Kindern zu retten bzw. zu verteidigen, falls keine Flucht mehr möglich ist.

Um sich die Dimensionen von Gewalt – als letzte Eskalationsstufe von Wut und Aggression – vor Augen zu führen, müssen wir einerseits nach
- physischer,
- emotionaler,
- sexueller (als Kombination) und
- mentaler Gewalt unterscheiden.

Welche davon ist schlimmer?
Welche Form der Gewalt ist traumatischer?
Geht nicht oft der physischen Gewalt auch eine emotionale oder mentale Gewalt voraus?
Können wir sagen, dass die physische (marsianische) Gewalt eher von Männern ausgeübt wird, während die emotionale (plutonische) Gewalt mehr von Frauen ausgeht?

Wieso ist nur die physische und nicht auch die emotionale Gewalt strafbar?

Gewalt in der integralen Betrachtung der 1. – 3. Person:
WIR müssen uns eingestehen, dass Gewalt früher und heute zwischen Völkern und Religionen in Kriegen **zum weltweiten „Kulturgut" gehört** (3. Person). Diese ist uns so bestens vertraut, dass wir uns daran gewöhnt haben, dass diese praktisch täglich (in den Medien) vorkommt (auch wenn wir uns hoffentlich kaum an die scheusslichen Bildern gewöhnen dürften). Hier richten ganze Völker sozusagen die Schlagringe aufeinander.

Auf der Ebene der Betrachtung der 1. Person, dem ICH, gibt es **die Gewalt, die ich mir selber antue** (z. B. „sich ritzen" oder „sich verachten"), zu was ich mich selber vergewaltige, mich selber fertig mache – Körper, Gefühle, Gedanken – da richte ich den Schlagring auf mich selbst oder auf Teile von mir, die ich ablehne.

Und schliesslich gibt es die **Gewalt zwischen zwei Personen** (2. Person), wo von

- Mann zu Mann
- Mann zu Frau
- Frau zu Mann
- Frau zu Frau
- Vater zu Kind
- Mutter zu Kind
- Frau zu Kind
- Mann zu Kind
- Mann zu SeniorIn
- Frau zu SeniorIn
- etc.

… Gewalt ausgeübt wird. Hier ist es oft ein(e) Täter(in) und ein Opfer.

Die weitaus häufigste Form der Gewalt ist diejenige zwischen Männern – 2. und 3. Person – und deshalb sind auch die weitaus meisten Täter und Opfer Männer. Dies muss uns Männern in der Männerarbeit zu denken geben, denn hier geht es zur Hauptsache um eine Selbstzerstörung des männlichen Geschlechtes. Und hier muss die tiefe und lange Arbeit beim Einzelmann und im Männerkollektiv im Bereich Wut bzw. Nutzung der Wut als Lebenskraft oder als „heilige Wut" (siehe nächstes Thema) ansetzen.

Und es gibt auch die geistige oder mentale Gewaltausübung, wo Menschen von Staaten, Ideologien, Regimen oder fundamentalistischen Geisteshaltungen und Religionsauffassungen mit Gehirnwäsche und Zensur vergewaltigt werden. Als Beispiele können hier Nordkorea oder China aufgeführt werden.

Die Thematik „Häusliche Gewalt" als Spezialität:
Gerade habe ich in den Medien wieder den aktuellen Bericht zur häuslichen Gewalt gelesen, die in der Schweiz weiter zugenommen habe. Die Rhetorik von Repräsentanten von Bund und Kantonen im Bereich „häusliche Gewalt" ist leider noch sehr oft stark vereinfacht: Männer = Täter, Frauen = Opfer, selbst wenn heute vordergründig dazu übergegangen wurde, alle Texte geschlechtsneutral zu verfassen. Diese nicht gerechtfertigte Vereinfachung und Reduktion des Themas vergiftet die Debatte zwischen den Geschlechtern, ist als eines der grossen Themen ein Bestandteil eines eigentlichen „Geschlechterkrieges", der mit der Emanzipation der Frauen begann, seither mehr oder weniger in immer noch bestehenden „Schützengräben" weiter schwelte und sich in der aktuellen meetoo#-Debatte wieder intensiviert hat. Er zeigt sich z. B. in immer wieder vorkommenden, sexistischen Äusserungen gegenüber Männern in den Medien (die hier gegenüber Frauen heute in keiner Form akzeptiert würden) oder Reklamesendungen, wo Männer als eindimensionale, affektgetriebene Idioten dargestellt werden.

In einer Ausgabe des **Männermagazins „ERNST"**[23] erschien ein Artikel, der besagt, dass bereits jedes 4. Opfer von häuslicher Gewalt ein Mann ist.
Laut einem Bericht der **Aargauer Zeitung**[24] (Nov. 2018) ist jedes vierte bis fünfte Opfer häuslicher Gewalt mittlerweile männlich. Gemäss dem Bundesamt für Statistik (BfS) wurden 2017 insgesamt 7059 Männer und 2263 Frauen der häuslichen Gewalt beschuldigt. Zudem ist von einer beachtlichen Dunkelziffer auszugehen, die gegenüber Männern laut Experten noch deutlich höher ist als gegenüber Frauen.

Ich persönlich finde den momentane Umgang speziell mit dem Thema „Gewalt in Beziehungen zwischen Männern und Frauen" wenig hilfreich, ja, stellenweise offenbart er eine eklatante Hilflosigkeit der involvierten Personen, Institutionen und öffentlichen Ämter. Meinen Erfahrungen in Beziehungen, Beobachtungen und Studien von Literatur zufolge handelt es sich hierbei um ein hochkomplexes, multifaktorielles Phänomen, das von den jeweiligen Hintergründen – Biografien der einzelnen Individuen, der Familien und der Kulturen, in denen diese aufgewachsen sind und leben – im Umgang mit Wut, Aggression und Gewalt herrührt. Gewalt in Beziehungen ist ein grosses Thema für die Arbeit von Männern und Frauen unter sich, aber v. a. auch für die Arbeit im Bereich des Geschlechterdialoges.
Es sind die im Buch „**Wilder Frieden**" von **Kipnis & Herron** [17/18] erlebbaren Animositäten, das Misstrauen und die emotionalen Abgründe vor allem im Bereich der Kollektive der Männer und Frauen gegeneinander. Sie zeigen für mich eindrücklich auf, dass gerade auch das Thema „Gewalt in Beziehungen" in eine konkrete und für die nächsten Jahrzehnte fortgesetzte Arbeit im Bereich des Geschlechterdialoges gehört und wahrscheinlich nur da an seinen Wurzeln gelöst oder erlöst werden kann.

DIE HERZENS-WUT-ÜBUNG

Die einzige wirklich gute und wertvolle Form der Wut ist meiner Erfahrung nach – und wie wir weiter oben hergeleitet haben – diejenige der **Herzenswut**.

Als Hintergrund dazu kenne ich, aus dem tibetischen Buddhismus kommend, „das zornvolle Mitgefühl" (wrathful compassion), welches da in den Praxen mit zornvollen Emanationen von Gottheiten (z. B. im **Dzogchen**[25]; Guru Dragpo als zornvolle Emanation von Guru Rinpoche) anzutreffen sind – siehe Bild; diese zornigen Gottheiten unterwerfen und reinigen alle Formen von Negativität und verhelfen uns zu Erkenntnis und Weisheit. Hier treffen wir auf die Dimension der „heiligen Wut".

> An dieser Stelle ist es wichtig, dass wir einen kurzen Exkurs machen und uns mit den 3 Zentren oder 3 Gehirnen unseres Körpers vertraut machen:

Kopf, Herz und Bauch
Einerseits ist das Wissen um die drei Zentren in uns schon uralt und wird z. B. bei den Maori auf Neuseeland angewandt. In einem in den letzten Jahren besuchten Männerseminar mit einem Maori-Schamanen sagte er uns: Wenn wir eine wichtige Entscheidung zu fällen haben, dann sollten wir immer alle drei "Gehirne" oder Zentren in uns befragen. Nur wenn alle drei, der Kopf, das Herz und der Bauch, Ja sagen 👍, dann wird die Entscheidung eine gute und nachhaltige Entscheidung ...
Es geht in diesem Zusammenhang um die sog. **Herzintelligenz**. Die Erweckung der Herzintelligenz ist gemäss verschiedenen Quellen z. B. bei den nordamerikanischen Natives und den Maori in Neuseeland schon seit Menschen-gedenken bekannt. Sehr interessant ist, dass wir heute auch von Institutionen wie **Heartmath**[26] wissen, dass unser Herzzentrum, das sog.„Herz-Hirn" (kardiales Nervensystem), genauso wie das „Kopf-Hirn" (Zentral-Nervensystem) und das erst kürzlich bekannt gewordene „Bauch-Hirn" (enterales Nervensystem) Hirnfunktionen haben und im Speziellen auch eine koordinierende Wirkung auf körperliche, emotionale und kognitive Ebenen unseres Organismus ausüben.

Zurück im Thema Herzens-Wut-Übung:

> In der Arbeit mit den ganz starken Kräften in uns Männern ist es aus meiner Erfahrung heraus unabdingbar, dass wir lernen, unser Herz zu öffnen (mehr dazu beim Element WASSER)!

Wenn wir in unserer Umgangssprache sagen, dass wir uns „ein Herz fassen", dann hat es mit diesem Anteil des Herzens zu tun, der uns dann „beherzt" und mutig etwas tun lässt. Wenn wir mit der feurigen Hitze des Herzens arbeiten – vorher hatten wir in der Begeisterung und Freude das feurige Licht des Herzens untersucht – dann geht es um eine Wut, eine Kraft die sich durch unser offenes Herz zeigen oder offenbaren will: die **Herzenswut**!

Bsp: Film „Braveheart" mit Mel Gibson

Mit der hier angegebenen Übung möchte ich dich einladen zu beginnen, mit der **Urkraft der reinen Wut** zu arbeiten.

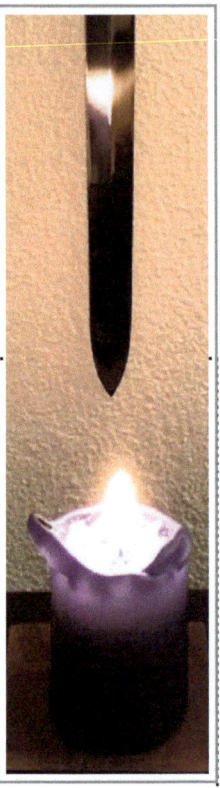

ÜBUNG 4: Verbindung von Herz-Kopf-Bauch

Wenn du mal so richtig wütend bist, dann versuche diese Übung. Es geht vorerst darum die reine Wut in dir zu halten, mit ihr zu arbeiten und sie zu transformieren - sie also weder auszuleben, noch zu unterdrücken. Die Übung ist für Rechtshänder formuliert und gilt in Analogie umgekehrt für Linkshänder.

- Setze dich irgendwo bequem in einen Sessel oder Sofa
- Öffne dann zuerst dein Herz in dem du deine Achtsamkeit auf die Herzgegend richtest und hinein atmest
- Lege deine rechte Hand auf deine Herzgegend und spüre die Wärme die entsteht, indem du nun durch deine Hand ins Herz ein- und ausatmest
- Dann lege deine linke Hand zusätzlich auf deinen Unterbauch und verbinde diese zwei Zentren für eine Weile
- Dann lege deine linke Hand auf deine Stirn und verbinde Kopf und Herz
- Lege dann deine linke Hand auf den Ort, wo du die Wut im Körper am stärksten spürst

- Stelle dir dann vor, dass die Wut durch die linke Hand aufgenommen wird (Einatmung) und dann durch die rechte Hand in dein offenes Herz fliesst (Ausatmung)
- Nimmt dir dafür ein paar Minuten Zeit
- Bleibe dann noch einen Moment ruhig sitzen mit der rechten Hand auf dem Herzen, während du die linke zur Seite legst

Was hat sich verändert mit deiner Wut?
Kannst du es beschreiben?
Hast du während der Übung eine spontane, intuitive Idee bekommen, wie du deine Wut beherzt verwenden solltest, in welche Handlung du sie einfliessen lassen möchtest oder wo du sie hinfliessen lassen willst?

Um dann wirklich ganz tief und effektiv mit den Urkräften des Mannseins zu arbeiten, ist es wichtig, dass die anderen Elemente in die ganzheitliche Männerarbeit einbezogen werden – bei der Wut ist die koordinierte Arbeit mit dem Element FEUER, dem Element WASSER (Emotionalität/Kapitel 10), dem Element LUFT (Geist/Kapitel 11) und dem Element RAUM/QUINTESSENZ (Spiritualität/Kapitel 12) wichtig. Dafür ist ein 5-Elemente-Coaching gut geeignet – siehe auch auf meiner Homepage: www.ganz-und-gar-mann-sein.ch.

Die Verbindungen der Qualitäten der Elemente FEUER, WASSER, LUFT und RAUM haben die Fähigkeit, reine Wut in ganzheitliche, vitale und wichtige Impulse zu transformieren, die dazu führen, dass du z. B.
- alte, ungesunde Muster aktiv aufbrichst
- gewohnheitsmässigen Unsinn in deinem Leben und deiner Mitwelt erkennst und hinterfragst
- schädlichen Mustern bei dir selbst oder in deiner Mitwelt mit entsprechenden Taten Einhalt gebietest
- rund um dich herum gesunde Grenzen ziehst
- …

Wenn du weiterliest und die anderen Elemente auch kennenlernst, dann wird es im Kontext meines 5-Elemente-Männerkonzepts für dich noch klarer werden, wie das funktioniert.
Und im letzten Kapitel des Buches, Kapitel 13, kommen wir dann noch einmal zusammenfassend in der Essenz auf alle Hauptkräfte des Mann-seins zu sprechen.

> Also: Lasst uns üben, mit unserer Wut zu „Herzenswut-Kriegern" zu werden!

Das Üben in Herzenswut ist sicherlich nicht so gerade im Vorbeigehen erlernbar, jedoch bekommt die Wut so eine Eigenschaft, die uns Männer ermächtigt, einen konkreten Beitrag zu einer besseren Welt zu leisten (Masters[5]):

> - *„Die Arbeit mit Herzens-Wut ist die Beschäftigung mit einem wirklichen, tiefen, gesunden Kriegertum.*
> - *Die Welt braucht in diesem Zusammenhang mehr Wut, nicht weniger!"*
> - Okay?

Wenn wir uns am Schluss dieser Thematik trauen – sozusagen als Ausblick auf eine zukünftige Art der Männerarbeit – die Betrachtungen, die wir oben im Thema „marsianische und plutonische Aggression" angestellt haben, noch vertiefter fortzusetzen, könnten wir weiter folgern, dass es **sogar zwei Formen der Herzenswut** geben könnte:
- die nach aussen gerichtete, zentrifugale, männliche Kraft der Selbstverwirklichung in der Herzenstat als Transformation dieser Ur-Kraft (diese Form liegt uns Männer sehr!) und
- die nach innen gerichtete, zentripetale, weibliche Kraft der Herzenswandlung oder inneren Transformation dieser Ur-Kraft in uns (diese wäre dann für uns eher herausfordernd …)
- … nur so einmal kurz ein bisschen angedacht …

SEXUALITÄT

Damit kommen wir zu einer zweiten, für uns Männer bestimmenden Lebenskraft: zur männlichen Sexualität. Ja, liebe Männer, Sex ist in unserem Leben ein bestimmender Faktor – lieber nicht „Fuck-tor" – und beschäftigt uns vom Teenager- bis ins Rentneralter.

Wir haben ... oder vielleicht ehrlicher ... hätten es eigentlich in der Hand:
- diese als reine Lebenskraft, als schöpferische, befruchtende Kraft und Vitalität für uns nutzbar zu machen,
- von ihr nicht als Sucht oder in einer Abart beherrscht und manipuliert zu werden oder
- sie nicht in irgendeiner Art als etwas Schändliches schamhaft zu unterdrücken.

Am Anfang steht bei der Sexualität jedoch einmal die biologische und in diesem Sinn auch polare Notwendigkeit der Fortpflanzung, der Arterhaltung, bei der es einen Mann und eine Frau braucht; auf dieser Ebene gibt es wenig Unterschiede zwischen uns Menschen und den Tieren. Es ist schlicht biologisch sinnvoll, die Menschheit als Art am Leben zu erhalten.

Einerseits gibt es jedoch heute immer mehr Singles bei Männern und Frauen, da Beziehungen nicht einfach scheinen und nicht mehr als Lebensnotwendigkeit angeschaut werden.
Spätestens dann, wenn wir andererseits lesen, dass es heute in der westlichen Welt bereits Frauen gibt, die sich durch künstliche Befruchtung (Samenbank) „ein Kind machen lassen", ohne einen Vater für das Kind haben zu wollen, dann ist diese ursprünglich vitale, jahrtausendealte, biologische Aufgabe des Mannes als Fortpflanzer und Zeugender durchbrochen. Der potentielle Wegfall dieser naturgemässen Aufgabe (wie auch diejenige des Ernährers) und die so erkennbare Ersetzbarkeit hat zum Aufbrechen einer bisher „todsicheren" Männerrolle geführt, die verunsichert und mit uns etwas als Männerkollektiv an der Basis unseres Selbstverständnisses macht.

Sinnvollerweise oder auch zwangsläufig – da die Sexualität eine der stärksten Kräfte in uns Männern ist – führt das dann quasi zur **„Liberalisierung" der Sexualität**.

Sie wird heute z. B.

- als Selbstbefriedigung („fuck yourself and safe your money")
- als Selbstlieberitual
- mit Einbezug von Internet-Pornografie – edel, primitiv oder Hardcore
- klassisch mit dem Gang ins Bordell
- ein bisschen edler und teurer mit einem Escortservice
- in einer klassischen Partnerschaft mit einer Frau
- als tantrische Massage-Rituale oder
- als tantrisches Ritual

ausgelebt.

Früher und zum Teil auch noch heute hatte oder hat uns die Sexualmoral von Religionen, hier z. B. der römisch-katholischen Kirche, sozusagen „an den Eiern". Sexualität dient nur der Fortpflanzung, je öfter, desto besser, vorausgesetzt, die Kinder werden dann alle zu Christen getauft. Allerdings hatte dann die Sache möglichst lautlos, im Dunkeln und mit „zusammengekniffenen Hinterbacken" durchgeführt zu werden, dass es möglichst gar nicht Spass macht. Diese Sache war soweit erfolgreich, dass es viele religiöse, grosse Familien gegeben hat und gibt, in denen die Sexualität bei den Erwachsenen und den aufwachsenden Kindern oft zu allerlei Problemen, zu abgrundtiefer Scham und Perversionen geführt hat. Die Unmöglichkeit der Unterdrückung der Sexualität wird aber meiner Meinung nach am besten an den kaum abreissenden Fällen von sexuellem Missbrauch durch katholische Priester sichtbar, da viele ja so gar nicht mit dem Zölibat zurechtkamen und -kommen.
In diesem Abschnitt kannst du gut auch in der geschriebenen Sprache meine Wut gegenüber diesen Missständen erkennen.

Eine so starke Kraft, gerade in uns Männern, sucht sich seinen Weg, gelebt zu werden – dies ist recht ähnlich wie bei der Wut – und wird oft mangels Kultivierung oder Transformation zur Perversion, die dann eigentlich nur Verlierer – Männer, Frauen, Kinder, Tiere etc. – zurücklässt.

Aber ...

... in dem Moment, wo wir Männer durch einen Auslöser – oft eine Auslöserin! – so richtig scharf werden, wo sich die sexuelle Lust in uns kraftvoll aufbaut und sich unser Penis in unseren Hosen regt, ist etwas Herrliches, ist pure Kraft, pure Power und Freude! Da ist es eigentlich wie mit unserer Wut – wir erleben einen Moment der grossen Kraft, der grossen Vitalität, ja und auch eine grosse Potenz!

Nur ... was machen wir nun damit? Wie haben wir damit gelernt umzugehen? Hat uns je in unserem Leben ein anderer Mann oder unser Vater v. a. praktisch gelehrt, damit umzugehen, uns in die männliche Sexualität initiiert? Aufklärungsunterricht in der Schule? Bekanntmachung mit den Möglichkeiten der „liberalisierten Sexualität"? Bei den meisten von uns wohl kaum, oder? Oder bist du einer dieser Glückspilze?

Hand aufs Herz: Viele von uns Männern, die nicht das Glück haben, in einer der – meiner Meinung nach – sehr raren, stabilen, guten sexuellen Beziehung zu leben, haben sich darauf verlegt, sich immer wieder in irgendeiner Art „Einen herunterzuholen", mit oder ohne Pornografie im Internet mechanisch und lieblos zu wichsen ... eine Angelegenheit von ca. 2–7 Minuten. Oder die anderen von uns haben gerade kurz eine Frau oder die eigene Frau sozusagen „zur Hand" für einen kurzen Fick, einen Quicky ...
Dann ist der Druck weg, als ob wir auf die Toilette urinieren oder kacken gehen oder wir uns schneuzen müssen. Ist das nicht erniedrigend, daneben und unhaltbar? Dies nennen wir dann im englischen Sprachgebrauch „fuck off" und es ist in den allermeisten Fällen unbefriedigend, fühlt sich schal an, mit einer gehörigen Portion Scham

oder einem Gefühl verbunden, etwas getan zu haben, dass nicht in Ordnung ist bzw. dass wir es vermasselt haben – also auch wiederum englisch „fucked up"!.

Ist das der Stellenwert und die Wertschätzung, die wir einer der grössten Kräfte in uns Männern beimessen? Fuck, nein!

Zu den Mythen vom männlichen Sex:

> *„Er ist einen halben Meter lang, hart wie Stahl, allzeit bereit und haut dich aus den Socken"*

Dies ist ein Auszug aus einem Basiswerk über männliche Sexualität, es ist das Buch **„Die neue Sexualität der Männer" von Bernie Zilbergeld**[27]. Zur Inspiration zum Studium dieses umfangreichen, guten und unterhaltsam geschriebenen Buches möchte ich dir aus dem Kapitel 2 die Mythen zitieren:

> *1. Wir sind aufgeklärte Leute und fühlen uns wohl beim Sex*
> *2. Ein wirklicher Mann mag keinen „Weiberkram" wie Gefühle und dauernd reden*
> *3. Jede Berührung ist sexuell und sollte zu Sex führen*
> *4. Männer können und wollen jederzeit*
> *5. Beim Sex zeigt ein wirklicher Mann, was er kann*
> *6. Beim Sex geht es um einen steifen Penis und was mit ihm gemacht wird*
> *7. Sex ist gleich Geschlechtsverkehr*
> *8. Ein Mann muss seine Partnerin ein Erdbeben erleben lassen*
> *9. Zum guten Sex gehört ein Orgasmus*
> *10. Beim Sex sollten Männer nicht auf Frauen hören*
> *11. Guter Sex ist spontan, da gibt es nichts zu planen oder zu reden*
> *12. Echte Männer haben keine sexuellen Probleme*

Männer! ... Es scheint mir dringend nötig, dass wir ein bisschen „Fortbildung" betreiben ...! Das Buch von Bernie ist eine gute Basis dafür und hat auch gut auf einem mittelgrossen Nachttisch Platz.

Eine positive, gute Form, dich mit dieser Kraft auseinanderzusetzen, ist, für dich ein **„Selbstlieberitual"** zu etablieren, das du unabhängig und alleine regelmässig durchführen kannst. Dies hat den Vorteil, dass du nicht in einer Beziehung sein musst, um eine stimmige und würdige Sexualität mit dir allein (all-eins) leben zu können – ganz ohne Stress, ohne Scham und ohne schlechtes Gewissen ...

Darin sind dann Tools zu einer schönen und stimmigen, sexuellen Stimulierung bis hin zum Orgasmus enthalten – jedoch in einem ganz bestimmten Kontext, wo du deiner persönlichen Sexualität einen Platz geben kannst und wo sie nicht zum schamhaften Knorz oder einem 5-Minuten-Fuck-off verkommt:

Vorschlag:
- Zeitfenster von 30–60 Minuten
- vollständige Abkoppelung vom Alltag, von anderen sozialen Verpflichtungen; „offline" gehen
- einen eigenen Raum dafür kreieren, aufbauen, einrichten: warm, schalldicht, Beleuchtung, Kerzen?
- Elemente:
  - Dusche oder Bad nehmen
  - den Raum mental bewusst betreten
  - ätherisches Öl, Duftlampe, Räucherstäbchen
  - Gute Musik abspielen, laut genug
  - sich ausziehen
  - tanzen, sich frei bewegen, dazu z. B. „5 Rhythmen"
  - tief und ruhig atmen
  - Stimme geben, singen, brummeln, stöhnen
  - das Nacktsein geniessen
  - sich berühren, kratzen, streicheln, massieren am ganzen Körper
  - sich sexuell stimulieren, kreativ sein
  - die sexuelle Spannung halten und geniessen
  - Ritual mit oder ohne Vollzug eines Orgasmus
  - Orgasmus weiter fassen, den ganzen Körper einbeziehen

- die Stimmung, die Energie und Magie des Momentes in Ruhe geniessen, sich hingeben
- Ruhen, ausklingen lassen
- ...

Hier möchte ich noch das **tantrische Massageritual** erwähnen, dass sich hier auch in diesem Segment in der Schweiz etabliert hat. Da gibt es Angebote wie z.B. „**ewa-tantra**"[29].
Die moderne, sexuell-tantrische Bewegung hat hier im Westen, meiner Betrachtung als praktizierender Buddhist (Dzogchen) nach, nur im weiteren Sinn mit dem ursprünglich tantrischen Buddhismus zu tun (innerhalb diesem gibt es sexuell-spirituelle, sehr spezielle Praktiken, die jedoch nur bei einer/m sehr fortgeschrittenen Praktizierenden des tantrischen Buddhismus zur Anwendung kommen - sog. „Karmamudra"). Tantra ist grundsätzlich im Buddhismus die erfahrungsbasierte Praxis, die sich von der textbasierten Praxis des Sutra, dem Studium der heiligen Schriften, unterscheidet. Auch bei der sexuell-tantrischen Praxis geht es primär um ein Erlebnis, um eine veredelte Sexualität, die „Jeder-Mann" als Ritual mit einer ausgebildeten „Liebeskünstlerin" (Massageritual) erleben kann oder im „**Tantra-Seminar**", wo dann diese Rituale unter Anleitung praktiziert und erlernt werden können. Sie hat den Anspruch, eine spirituelle Dimension in die Sexualität zu bringen.
Ich selber habe tantrische Massagerituale schon erlebt, fand sie eindrücklich, jedoch ist der Mann bei der ganzen Sache ziemlich passiv – was sehr schön sein – aber auch problematisch sein kann, weil die aktive, sexuelle Rolle als Mann wegfällt, mal abgesehen von der Errektion des Penis.

Wenn wir schon bei der spirituellen Dimension der Sexualität sind, dann sind hier als „Leckerbissen" noch die Bücher, YouTube-Videos und Online-Workshops von **David Deida**[30] zu erwähnen. Auf der Rückseite eines seiner Bücher, „**Erleuchteter Sex** - Ekstase als spiritueller Weg", lesen wir:

> *„Sexualität wird oft missverstanden; denn sie ist mehr als Triebbefriedigung und steht vor allem nicht im Gegensatz zu Spiritualität oder wahrer Religiosität. David Deida hat sich zeitlebens mit der Polarität Mann/Frau auseinandergesetzt. Hier stellt er in konzentrierter Form die wichtigsten Atem- und Entspannungstechniken für wahrhaft göttlichen Sex vor."*

Hier stösst nun das Element FEUER in der Sexualität auf das Element RAUM/QUINTESSENZ (Kapitel 12) in der Spiritualität. Dazu kommt noch die Schnittstelle, wo Sexualität mit dem Element ERDE (Kapitel 9) in Berührung kommt: Sexualität sollte auch immer mit Intimität, Sinnlichkeit und Berührung zu tun haben. Und schliesslich gibt es natürlich auch noch die Verbindung zwischen FEUER und WASSER, wo dann das offenen Herz, die Liebe und Emotionen dazukommen (mit und ohne „Feuerwasser").

SEXUALITÄT UND ZEUGUNGSKRAFT ALS KREATIVITÄT LEBEN

Unsere Sexualität lässt uns – nicht nur unseren Penis – aufstehen, bringt uns in Fahrt und in Bewegung.
Wenn wir uns mit der feurigen Energie der Sexualität verbinden, dann hat die männliche Sexualität mit Fortpflanzung, mit „etwas auf die Welt bringen" und mit Zeugung zu tun. Da wir Männer nicht mehr alle auch Väter sein oder werden können oder wollen, können wir diese Zeugungskraft auch dazu verwenden, etwas, das wir speziell gut können, in die Welt zu bringen. Hier begegnen wir im FEUER noch der Wut (siehe oben) und dem Element LUFT, wo es u. a. auch um deine Vision geht, dein „Ding", das du realisieren möchtest.

So kannst du – ausser dass du Vater eines oder mehrerer Kinder bist – dann auch Vater und Erzeuger werden von einem Projekt, einer Aufgabe, einer Betätigung oder einer Berufung. In diesem Zusammenhang können und sollen diese grossen Kräfte – reine Wut und Sexualität – von uns nutzbar gemacht werden, um als Männer der Welt, in der wir leben, unseren Stempel aufzudrücken und sie damit zu bereichern. Hier sehe ich die individuelle Kraft in dir als Mann und die kollektive Kraft von uns Männern, die auf verschiedenen Ebenen in unserer Welt sich positiv und gestalterisch aus-drücken und einbringen kann und soll. Ganz und gar Mann zu sein ist meiner Überzeugung nach ohne diese feurige, kraftvolle und erzeugende Komponente ganz und gar unmöglich!

SCHATTENASPEKTE DER SEXUALITÄT - MISSBRAUCH

Wir haben bereits im Kapitel Sexualität Schattenaspekte berührt und es wird für uns hier gut sichtbar, dass natürlich die Hauptkräfte in uns Männern auch logischerweise die längsten Schatten werfen ...

Für mich ist der sexuelle Missbrauch oder sexuelle Übergriff der rabenschwarzeste Schatten. Es geht dabei darum, dass ein menschliches Wesen sich an einem anderen vergreift, ein menschliches Wesen die Macht über ein anderes Wesen missbraucht und Sex, Manipulation und Gewalt im Spiel ist. Hier kombinieren und potenzieren sich nichts weniger als die Schatten von unseren Urkräften – Wut und Sexualität!

Abschreckende Beispiele können wir immer wieder den Medien entnehmen (z. B. römisch-katholische Kirche, Buddhismus, Familien, Sippen), z. B. der amerikanische Filmmogul Harvey Weinstein, der – meiner Meinung nach – als sexuell offensichtlich total pervertierter Mann nichts Besseres wusste, als Sex als Machtspiel bei Frauen einzusetzen, die von ihm abhängig waren; und der notabene uns als Männerkollektiv die Schamröte ins Gesicht steigen lässt. Dabei ist einerseits beschämend für uns alle, wie sich dieser „Sexualkrüppel" als Mann verhalten hat, und andererseits auch, wie die Medien, die frauenemanzipierten Medien und sozialen Netzwerke – z. B. Twitter #meeToo – dies dazu instrumentalisieren, uns als Männer als Ganzes unmöglich zu machen.

> Unsere männliche Sexualität ist eine der stärksten, kreativsten, aber auch potenziell schädlichsten Kräfte, die in jedem von uns stecken, für die wir eigentlich „einen Waffenschein" bräuchten ...

Dieses Manko hat v. a. die Pornoindustrie im Speziellen im Internet schamlos für sich ausgenutzt, hat sich viele Männer im Handumdrehen geholt, die nicht initiiert wurden ... und manipuliert uns nun nach Strich und Faden! Sie hat uns sozusagen „an unseren Schwänzen" fest im Griff.

Und weil uns Männern unsere aktuelle Männerkultur in der Schweiz und in der westlichen Welt in dieser Zeit praktisch nur ganz wenig anzubieten hat, gibt es so viel Abartigkeiten, so viel Leid, so viel Frust, so viel Kriminalität gerade auch bei uns Männern selber ... ganz zu schweigen von den Frauen und Kindern, die dann auch diese „dunkle Seite" unserer Sexualität zu spüren bekommen ...

Die heute bekannten sexuellen Übergriffe sind:
- Männer vergewaltigen Frauen
- Männer vergewaltigen andere Männer
- Väter missbrauchen ihre Kinder
- Grossväter missbrauchen ihre Enkel
- Mütter missbrauchen ihre Söhne
- pädophile Priester missbrauchen Kinder
- Frauen vergewaltigen Männer

Es ist mir ein Anliegen, auch hier, wie beim Thema „Häusliche Gewalt", das Thema „Sexueller Missbrauch" differenziert anzuschauen, denn auch hier gilt einmal mehr die vereinfachte, falsche Annahme oder Stereotypie, dass nur Männer (= Täter) Frauen (= Opfer) sexuelle Gewalt antun. Dies ist schlicht und einfach nicht wahr.

Die schiere Tatsache jedoch, dass sehr oft Männer – Väter, Grossväter, Pädophile, Soldaten, spirituelle Meister, Priester – sexuellen Missbrauch aus-üben, zeigt uns, dass wir Männer hier eine sehr ernst zu nehmende Problematik haben, die in der ganzheitlichen Männerarbeit als Schattenarbeit ganz gezielt, aber auch differenziert thematisiert und angegangen werden soll und muss!

In diesem Kontext ist für mich das Thema „Vergewaltigung von Frauen durch Männer" sehr heikel und eines mit vielen Facetten. Klar, das Endresultat, dass eine Frau mit einem Mann Sex hatte, den sie letztendlich nicht wollte, ist verwerflich und strafbar. Aber dass man hier gerade auch in den Medien und der Öffentlichkeit dazu übergegangen ist, praktisch keine einzige Vergewaltigung einer Frau durch einen Mann in Zweifel zu ziehen, widerstrebt meinem differenzierten Sinn für Gerechtigkeit und für den Individualfall.

Gelebte Sexualität ist darum so spannend, weil sie – ich behaupte, für beide Geschlechter – unseren Alltag würzt, unsere Augen weiden lässt, Blicke ausgetauscht werden können – das Spiel der Erotik, knisternd, hoch spannend und schön! Das Sehen und Gesehenwerden, das kurze Flirten, die Spannung … ein Liebesspiel – welches wir in der freien Natur auch bei Tieren beobachten können – dass sozusagen bio-logisch dann zur Paarung und Fortpflanzung führt.
Die ganze Sache fängt dann für uns Männer an, noch zusätzlich problematisch zu werden, wo es immer wieder vorkommt, dass Frauen und weibliche Teenager z. B. im Sommer halb nackt mit hautengen Kleidern auf der Strasse uns ihre tiefen Ausschnitte, ihre Bäuche und ihre knackigen Hintern präsentieren. Mir ist dabei nicht immer so klar, wie bewusst diese Frauen und v. a. auch die weiblichen Teenager sich ihrer sexuellen, erotischen Anziehungskraft sind – sie damit auch Mitverantwortung bei der Entstehung von sexuellen Übergriffen haben – und was sie damit bei Männern anrichten. Auch die Mode mischt hier kräftig mit und manipuliert alle Beteiligten.

Ab wann wird aus dem Flirt ein Kontakt, ein Gespräch, vielleicht ein „One-Night-Stand" oder gar mehr? Ab wann wird es ernst? Es gehört auch zum Liebesspiel, dass eine Frau den Mann zuerst einmal zurückweist, in der Hoffnung, dass er nicht aufgibt. Natürlich sollte ein „Nein" ein „Nein" sein, aber welches „Nein" ist eigentlich ein „Ja"?

Mich würde es interessieren, inwieweit bei einer Untersuchung der Vergewaltigung einer Frau durch einen Mann sich die zuständigen Behörden die Zeit nehmen, diesen feinen Details nachzugehen? Es ist – wie wir von oben wissen – für die Frau buchstäblich ein Spiel mit dem Feuer, in einem Mann die Urkraft seiner Sexualität zu entfachen. Erfahrene Männer und Frauen wissen und schätzen das auch, aber sie wissen auch damit umzugehen. Dabei ist es aber gut nachvollziehbar, dass unerfahrenen, frustrierten und sexuell unerfüllten Männern bei einer starken Stimulation ihrer Sexualität „die Sicherungen durchgehen" und sie mit der Situation überfordert sind, v. a. auch dann, wenn sie auf unerfahrene, frustrierte und sexuell unerfüllte Frauen treffen ...

Für mich ist die plakative, medial und öffentlich oft höchst undifferenzierte Darstellung von den Männern als den potenziellen Vergewaltigern schlechthin eine im hohen Grad ungeschickte, ja verhängnisvolle Problematik, die durch die kollektive Beschämung von Männern nur noch mehr an der „Frust – Aggression - Gewalt- sexueller Übergriff" - Spirale dreht!

Einmal mehr steht hier die eindringliche Aufforderung im Raum, dass Jungen, Jungendliche und Männer in einer starken, ganzheitlichen Männerkultur aufwachsen, die ihnen im Bereich der Sexualität und Erotik Halt gibt, die ihnen Anleitung gibt, die ihnen die Grenzen und die „No-Gos" aufzeigt. Dies gilt aber natürlich im Sinne der Gleichstellung auch für die Frauen.

Ein stark tabuisiertes Thema ist der sexuelle Missbrauch von Müttern an ihren Söhnen. Hier ist es beispielsweise lohnenswert, sich den Film **„Die Hände meiner Mutter"** anzusehen. Hier das Zitat zum Film aus Wikipedia:

„Im Zentrum steht das Tabuthema des sexuellen Missbrauchs von Müttern an ihren Kindern. Dem Regisseur ging es um die Hinterfragung von Geschlechterrollen und

> *das Aufbrechen von Klischees: Entgegen der klassischen Konstellation ist hier eine weibliche Figur die Täterin, eine männliche das Opfer. Der Filmtitel verweist auf die Ambivalenz mütterlicher Hände: Sie können Kinder beschützen und trösten, ihnen aber auch schwere und nachhaltige Verletzungen zufügen. Die Macht und Verantwortung von Eltern gegenüber ihren Kindern wird im Bild der Hand deutlich."*

Der Trailer ist zu sehen auf: https://www.youtube.com/watch?v=QJnhGuCmDbQ

Dann möchte ich hier noch einen Input zum Thema Vergewaltigung von Männern durch Frauen setzen. Wir lesen im Fazit aus einem Artikel aus **seismart.de** (redaktionell geprüftes Ratgeber-Portal)[31]:

> *„Kann man einen Mann vergewaltigen? Ein paar Zahlen und Fakten:*
>
> *Die Vergewaltigung von Männern kommt durchaus auch in der Realität vor und wird nicht nur von anderen Männern durchgeführt, sondern auch von Frauen. Es handelt sich dabei also nicht um einen Mythos oder überschäumende Fantasien, sondern um ernst zu nehmende Realität.*
> *Dass es in der Öffentlichkeit nicht thematisiert wird, liegt einerseits daran, dass sich die Opfer oftmals nicht trauen, so etwas anzuzeigen, weil sie Angst haben, nicht ernst genommen zu werden, und andererseits daran, dass es tatsächlich von der Gesellschaft als Tabu-Thema behandelt wird. Es wird immer noch viel zu oft als unmöglich betrachtet bzw. so dargestellt, als könne ein Mann nicht gegen seinen Willen zum Sex gezwungen, also vergewaltigt werden."*

Beim Thema des sexuellen Missbrauchs – wie auch bei demjenigen der Aggression und Gewalt – tut es in der Arbeit unter Männern und im Kollektiv der Frauen not, dass wir uns (Männlein und Weiblein) davon verabschieden, diese weiterhin in undifferenzierten Stereotypien – wie Mann = Täter und Frau = Opfer – zu sehen, so schwer es uns auch fällt. Meiner Meinung nach ist diese starke Polarisierung eine der grossen, noch ungelösten Folgen der im Kapitel Geschlechterdialog angesprochenen, uralten und äusserst unappetitlichen gegenseitigen Verletzungen, die uns kollektiv in der Verständigung und im Dialog der Geschlechter im Wege stehen. Bei diesen Verletzungen zu bleiben, heisst, die Entwicklung von Gleichstellung, aber auch die Emanzipation der Geschlechter zu einer schier unlösbaren, unüberwindlichen Sisyphus-Problematik werden zu lassen – und nicht zu einem produktiven und erlösenden Geschlechterdialog mit einer entsprechenden Geschlechterversöhnung!

13. Kapitel: Das Element ERDE = der körperliche, geerdete, genährte, sinnliche, beheimatete Mann

In diesem Kapitel wollen wir uns mit einer Energie und Kraft auseinandersetzen, die uns gerade auch als Gegenkraft, als Antagonist zum Feuer zu unserer Erdung, zu einer sicheren Landung auf heimatlichem Grund dient (bis hin zum „Grounding" ... siehe auch später) – es ist das Element ERDE.

Wir brauchen einen Boden unter uns, um darauf zu stehen und einen Boden, in den auch unsere Wurzeln (roots) hineinwachsen und uns Halt geben können. Ohne festen Grund unter unseren Füssen heben wir ab, fliegen wir irgendwo umher, lassen wir uns treiben, gehen wir verloren. Wenn etwas geerdet ist, dann hat es Hand und Fuss, wird es konkret, bekommt es ein Fundament und eine konkrete Form, die uns erlaubt, es umzusetzen. Dafür braucht es Stabilität, Festigkeit, eine gewisse Trägheit und Ruhe.

Aber um wirklich etwas ganz, rund und vollständig auf die Erde zu bringen, brauchen wir abgesehen vom Element ERDE auch alle anderen 4 Elemente:
- FEUER (= Power/Mut),
- WASSER (= Einfühlungsvermögen),
- LUFT (= die zündende Idee) und
- RAUM (= der übergeordnete Zusammenhang).

Wie wir sehen werden, ist gerade das Element ERDE ganz speziell dafür geeignet, neue Wurzeln in den Grund unter uns austreiben zu lassen; dies in Abgrenzung zu den alten Wurzeln der männlichen Tradition, die wir genauso fest ehren und pflegen, jedoch aktualisieren und ergänzen wollen, um eine zeitgemässe, neue männliche Identität ausbilden zu können.

In unserem Organismus entsteht Stabilität und Gleichgewicht durch unseren **physischen Körper** – die Knochen, die Muskeln, die inneren Organe – und das **vegetative, autonome** oder **unwillkürliche Nervensystem**. Dieses ist der älteste, archaischste Teil des Nervensystems in uns, bei dem es letztendlich um das Überleben, um das Aufrechterhalten der Basisfunktionen des Körpers geht. Dieses Nervensystem – sagt die Ganzheitsmedizin – schafft, wenn es gesund ist, zusammen mit dem sog. Grundsystem buchstäblich einen Grund, einen Boden, auf dem alle weiteren Funktionen unseres Körpers aufbauen. Es sitzt zu einem grossen Teil als unser „Bauchhirn" (enterales Nervensystem) in unserem Rumpf, in unserem Bauch. Es geht um „unser Bauchgefühl". Das Bauchgefühl unterscheidet sich so ziemlich grundlegend von allen anderen Emotionen (siehe nächstes Kapitel – Element WASSER) und wir wissen heute, dass unser Bauchhirn ein eigenständiges und sehr einflussreiches Steuerungsorgan ist in uns, das losgelöst vom Zentralnervensystem (Kopf) agieren kann. Darum hat das Element Erde gefühlsmässig, empfindungsmässig **in unserem Bauch** sein Zentrum.

SICH MIT DEM ELEMENT ERDE IN DER ERDE ERDEN

Im Kapitel des Elementes ERDE ist es eigentlich logisch und natürlich, auch über unseren Bezug zur Natur zu sprechen. Wie beim Bild der Tanne mit ihren Wurzeln oder bei dem fantastischen Mammutbaum bewegen wir uns als Menschen zwischen Himmel und Erde.

Der Planet Erde ist unser aller Zuhause, auf dem das Leben einst einmal mit ein paar Algen angefangen hat und wir am Ende der Kette nun als Homo sapiens dastehen. Es tönt eigentlich ein bisschen verrückt, aber es scheint heute so zu sein, dass es nicht mehr selbstverständlich ist, dass alle Menschen einen innigen Bezug, Kontakt zur Natur, zur Erde haben. Ihnen ist nicht mehr klar, dass auch wir Menschen und Männer ein Teil der Erde sind. Es gibt Menschen, die sind der Meinung, die Milch komme vom Supermarkt, nicht mehr von der Kuh. Manche von uns haben den Kontakt zum Boden verloren, so ganz nach dem Motto von früher: „Mein Auto fährt auch ohne Wald."

ÜBUNG / REFLEXION 5:
Wann hast du das letzte Mal barfuss in der Erde, im Dreck gestanden, Erde in den Händen und zwischen in den Fingern?
Wann hattest du das letzte Mal den Geruch von Erde in der Nase?
Wie pflegst du deinen Kontakt zur Mutter Erde?
Schwimmst du gerne in Naturseen, wanderst du gerne in den Bergen, kletterst du gerne an Naturwänden ...?

Gehe in den nächsten Tagen mal raus in die Natur, stell dich möglichst barfuss auf die Erde, sitze oder liege auf ihr, rieche sie, fühle ihre stabile Sicherheit unter dir - sie trägt dich! Erde DICH!
Und mache auch ein paar Einträge in dein Tagebuch, wenn du magst ...

Lieber Mann, verbringe regelmässig Zeit mit anderen oder alleine in der ungestörten Natur und lass dich sozusagen gratis immer wieder an die natürlichen Rhythmen der freien Natur anschliessen ... und erde dich!

DER PHYSISCHE KÖRPER

Um wirklich ganz und gar präsent zu sein, ist es unabdingbar, dass du zuerst einmal wirklich voll und ganz in deinem Körper, deinem physischen Körper angekommen bist, dich sozusagen voll „inkarniert" oder „inkorporierst". Und das heisst: deinen männlichen Körper wirklich von den Zehennägeln bis zu den Haarwurzeln aus-zufüllen, jeden Millimeter in Besitz nehmen; und das bedeutet auch, ein gutes, festes, wohliges Gefühl zu haben in deinem Körper.

Hast du das? Hand aufs Herz?

Der Teil unseres Körpers, den wir alle gut kennen und der uns erdet, ist unser physischer oder stofflicher Körper. Er dient den feineren Anteilen unseres Organismus – dem energetischen und informativen (Software-) Körper – als Hardware, als Träger, als Heimat.

Ich bin zur Überzeugung gekommen, dass viele von uns Männern sich aus ganz verschiedenen Gründen nicht wirklich ganz wohl fühlen in ihrer Haut, in ihrem Körper und diesen wirklich mögen, ja sogar lieben, ohne dabei ins Gegenteil zu verfallen und zu lebenden „Stars" und „Narzissen" (Narzissten) zu werden.
Entweder beuten wir unseren Körper aus und verlangen ihm abartige Leistungen (z. B. Spitzensport, Leistungssport, Bodybuilding etc.) ab, um uns in gewissen Momenten gut zu fühlen (v. a. auch wegen der hohen Ausschüttungen von Stresshormonen und Endorphin) oder wir schämen uns äusserlich unseres Körpers, unserer Erscheinung, unserer Haltung, unseres Bauches, unserer Glatze wegen etc.; oder wir schämen uns tief in uns wegen unseres schlechten Körpergefühls oder wegen Geschichten in unserer Biografie (traumatische Erfahrungen), die in unserem vegetativen Nervensystem, sozusagen

in den Zellen unseres Körpers stecken. Viele von uns haben irgendwann als Knaben oder Jugendliche mehr oder weniger unausgesprochen (in ihrem Bauchgefühl) gelernt, dass es irgendwie „nicht gut oder problematisch ist, Mann zu sein" – die Resonanz in unserem Kopf ist: potenzieller Kinderschänder, Vergewaltiger, frauen-unterdrückender Macho, Patriarch und so weiter ...

Und viele Männer haben dieses ziemlich unaussprechliche, da hauptsächlich vegetative Gefühl von ihren Vätern, die bereits unsicher waren, die nicht mehr an das grundsätzlich Gute in uns Männern geglaubt, es nicht mehr in ihren Körpern gefühlt haben und vor ihnen ev. schon ihre Väter ... Das sich nicht einfach ganz natürlich gut Fühlen in seinem Körper kennen wir natürlich auch von den Frauen und der Frauenemanzipation her, aber manche von uns Männern sind nicht sehr viel besser aufgestellt bei diesem Thema; und gerade heute sind wir diejenigen, die sich auch in diesem Bereich (wieder) emanzipieren wollen! In diesem Sinn gibt es in uns neben individuellen auch kollektive Muster, die uns schlecht fühlen lassen – ein Mythos, der besagt, dass wir Männer irgendwie grundsätzlich nicht gut sind oder etwas mit uns nicht in Ordnung ist ...! Viele von uns und/oder ihre Väter wurden irgendwann zutiefst verunsichert, teilweise oder ganz geknickt, gebrochen und gehen so durch die Welt ...

Fühlst du diesen Teil in dir auch manchmal?

Aber halt – ich sage: Wir alle haben ein Grundrecht, als Männer (wie die Frauen auch) voll und ganz in unserem Körper zu sein, uns dort absolut bedingungs- und grundlos sauwohl zu fühlen, diesen zu lieben und komplett auszufüllen, aufrecht, stolz und aufgestellt zu sein!

ÜBUNG 1: „DEN WILDEN MANN IN DIR ERWECKEN!"
☑ Die Wiederholung!

Diese männliche Kraft des wilden Mannes entsteht, wenn du dich aufrecht in deiner ganzen Grösse hinstellst, deinen Körper voll-ständig ausfüllst, tief atmest, ihn auffüllst und weckst, die angenehme Wärme darin spürst, mit den Füssen fest im Boden verwurzelt bist und deinen Blick gerade und ohne jede Angst nach vorne richtest, offen, klar und weit und mit einem Lächeln im Gesicht. Dann hebst du deine Arme wie ein Sieger in die Höhe und verstärkst damit die Sache noch. Damit ist eine unerklärliche, innere Freude verbunden, als Mensch Mann zu sein und der Drang dieses zum Ausdruck zu bringen - zu jauchzen, zu tanzen, zu lachen, oder aber auch still und im ganzen Körper strahlend zu geniessen ... und dazu z.B. den Song von **Phil Collins „Hang In Long Enough"**[6] lautstark zu hören ...
Schliesse so die Augen und geniesse diesen ganz speziellen Moment einfach ganz für dich! Und es gibt nichts, gar nichts, das du dafür tun musst, weil es dein Grundrecht ist, als Mann dich gut zu fühlen!
Ja, das bist DU! ....

Und sieh Dir zur weiteren Inspiration auf der nächsten Seite noch diesen Baum an – eines der ältesten und grössten Lebewesen dieser Erde – ein Mammutbaum!

General Sherman Tree, Sequoia gigantesca, Alter: ca. 2500 Jahre, Höhe: 84 m, Umfang am Boden: 32 m, Gewicht: ca. 2000 Tonnen; Sequoia National Park, Kalifornien

UNS UM UNSER BAUCHGEFÜHL KÜMMERN

Bei der vertieften Auseinandersetzung mit dem Element ERDE in uns und den oben angesprochenen Verunsicherungen ist es wichtig, dass wir uns mit unserem eigenen, persönlichen, individuellen, aber auch mit unserem kollektiven **Bauchgefühl** als Einzelmann bzw. als Männergemeinschaft auseinandersetzen.

ÜBUNG 6: Achte einmal auf deinen Bauch!
Es kann sein, dass du, wenn wir nun über dieses Thema sprechen, ein komisches Gefühl in deinem Bauch bekommst, vielleicht eine leichte Übelkeit? Lege dafür einmal eine Hand auf deinen Bauch und atme langsam in ihn hinein.
Manchmal sagen wir, wir haben ein ungutes Gefühl bei der Sache, nicht? Oder wir haben von Anfang an ein gutes Gefühl bei etwas, was wir beabsichtigen zu tun, und wir können es nicht beschreiben, aber wissen, dass es richtig ist.
Wann und bei welcher Gelegenheit war das bei dir das letzte Mal der Fall?
....
....

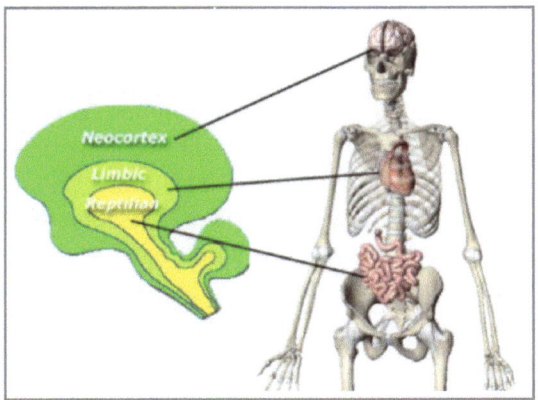

Wir haben es hier mit unserem Bauchgefühl, unserem vegetativen Nervensystem zu tun. Unser Bauchgefühl sagt typischerweise „Ja" oder „Nein", hält uns keine Vorträge (zentrales Nervensystem) oder jammert uns nicht die Hucke voll (limbisches System/Gefühle). Es ist, vorausgesetzt, wir erkennen, wann und wie es zu uns spricht, sehr klar und einfach in seinen Aussagen:

„Ja" 👍 oder „Nein" 👎

Interessanter- oder auch tragischerweise ist es immer noch so, dass das vegetative Nervensystem, **das Bauchhirn,** noch wenig bekannt ist, gerade auch bei uns Männern. Es wird als „primitiver" Anteil, als Reptilienhirn bezeichnet und wir als Menschen und „Krönung der Schöpfung" sind doch nicht primitiv?
Und das, obwohl heute ein ganzer, neuer Wissenschaftszweig sich damit beschäftigt – die Neurogastroenterologie.
Kurz gefasst teilen wir das vegetative Nervensystem in zwei polare Anteile auf – in den Sympathikus und den Parasympathikus. Ist der sympathische Aspekt aktiv, dann wird unser Körper auf „action", auf Kampf, auf Leistung und Aktivität getrimmt. Wenn dann der Parasympaticus aktiviert ist, dann geht es grob gesagt um Ruhe, Schlaf, Erholung, Regeneration und Verdauung.

Als Erfahrung kennen wir alle Momente, wo etwas in uns „Ja" oder „Nein" sagt, wenn wir zum Beispiel uns fragen, ob wir auf einer Bergwanderung auf den Gipfel eines Berges gehen sollen, obwohl wir noch eine Kletterei zu bewältigen haben. Im Zweifelsfall, gerade auch wenn es ein bisschen und erst recht, wenn es brandgefährlich wird, trifft gerade auch in der freien Natur unser „Bauch" die Entscheidung. Denn dann geht es unter Umständen ums Überleben und bei überlebenssichernden Entscheiden ist nur noch unser vegetatives Nervensystem zu einer schnellen und klaren Entscheidung fähig.
Es geht dann wie bei den Tieren, die ein ähnliches, vegetatives Nervensystem wie wir besitzen, um die Strategien: Frühwarnung, Kampf oder Flucht oder Erstarrung/sich tot stellen.
Ist dieses überlebenswichtige „Survival-Kit" primitiv? Für mich ist essenziell und grundlegend nicht gleich primitiv!

Und ganz speziell an dieser Stelle möchte ich darum einmal für das vegetative Nervensystem – in Abgrenzung zum gefühlsbezogenen (limbisches System) und dem zentralen Nervensystem (Hirnrinde/ Cortex) – „eine Lanze brechen" und es mit den anderen zweien auf Augenhöhe bringen!

So lasst uns, liebe Männer, in diesem Sinne unseren Bauch wieder in Besitz nehmen (bitte nicht nur mit Bier!) und unser Bauchgefühl wieder ein fester Bestandteil unserer Körpers werden!

In diesem Kapitel wird es – auf der Basis des Bezugs zu unserem physischen Körper und unserem vegetativen Nervensystem – im Weiteren einerseits um die Fitness, die sinnliche Pflege und die Ernährung unseres Körpers, **unseres „Körperhauses"** gehen – wie es **Rüdiger Dahlke**[22] so schön sagt. Andererseits ist es wichtig, dass du als Mann irgendwo wirklich zu Hause, daheim bist und schliesslich, dass du ganz global dich einmal damit auseinandersetzt, was dich wirklich nährt – körperlich, vegetativ, emotional, geistig und spirituell.
Und dann noch das Stichwort: Fürsorglichkeit und hier im Speziellen die Selbstfürsorge mit Focus auf die Bedürfnisse des vegetativen Nervensystems (und nicht so sehr der Emotionen – Element WASSER).

SPORT, FITNESS UND BEWEGUNG

Wie wir immer wieder heutzutage lesen und den Medien entnehmen können, machen wir Schweizer punkto **Sport, Bewegung** und **Fitness** momentan keine schlechte Falle – gerade auch wir Männer!

Das ist doch mal schon ein vielversprechender Start in dieses Kapitel, oder?

Mit anderen Worten fällt es – gerade uns Männern – meistens nicht so schwer, uns regelmässig zu bewegen, Sport zu treiben, etwas für unsere körperliche Fitness zu tun. Und da können wir uns auch schwer dem – für einmal durchaus sinnvollen – Diktat unserer Konsum- und Werbewirtschaft entziehen, die uns täglich daran mehr oder weniger sanft erinnert, wie wichtig es sei, Fitness und Sport zu konsumieren, um als Mann, Lover und Vater erfolgreich zu sein

Hier steht uns ein gigantisches Angebot zur Verfügung, von dem wir profitieren können bzw. in dem wir uns zuerst einmal zurechtfinden müssen, um dann eine gute Wahl treffen zu können. Da gibt es Fitness, Ausdauersport, Einzel- Paar- und Mannschaftssportarten, indoor oder outdoor, im Fitnessstudio, in der freien Natur, zu Hause ... ich denke, da findest du etwas, falls du dich regelmässig und tapfer immer wieder aus der Komfortzone erhebst, deinen „Allerwertesten" hoch bekommst und es dann tust.
Ich selber habe von klein auf viel Sport getrieben: Skifahren, Skitouren, Schneeschuh-Laufen, Volleyball spielen (auch mal 2. Liga im örtlichen Club), Biken, Wandern, Bergsteigen ... das hat viel Spass gemacht und hat meinen Körper geshaped und getuned. Ich wurde

aber vor ca. 30 Jahren dann durch eine fortgeschrittene, chronische, mehrfach wiederkehrende Borreliose-Erkrankung einigermassen schonungslos, brutal und für längere Zeit praktisch auf null gestellt … es ging einfach gar nichts mehr oder nur gerade im „Rollator-Pace" ein kleiner Spaziergang mit Zwischenhalt auf dem Bänklein …

Ja, und es gibt sie auch unter uns, die anderen, diejenigen, denen das Bewegen schwerfällt, die entweder handicapiert, übergewichtig oder schlecht drauf, depressiv sind oder gerade von ihrem Job und der Überfülle des Alltags erdrückt – „geburnoutet" – werden. Für sie ist schon der Gang von 300 Metern zum Einkauf eine Herausforderung. Da ist das Körpergefühl im Keller und als körperliches Wrack macht Bewegung oder gar Sport keinen Spass oder sie ist gar eine Quälerei. Gerade wir Männer brauchen ein relativ verlässliches, gutes Körpergefühl, um uns wohl zu fühlen. Darum ist in diesem Sinn bei diesen Männern unter uns „Not am Mann".

Ich habe gerade auch durch diese körperlichen Beschwerden der letzten Jahre gelernt, dass die Palette im Bereich Bewegung und Sport heute wirklich umwerfend gross ist.

Dabei habe ich u. a. ein ganz cleveres und niederschwelliges Indoor-Teil entdeckt: das 1er **Trampolin** zuhause – mein **Bellicon**[32]. Das Schöne am Trampolin zu Hause ist, dass es bei jedem Wetter einsatztauglich ist, immer wieder einlädt, kurz darauf zu steigen und dass es in diesem Sinn sehr niederschwellig ist. Jetzt gerade, während ich dieses Buch schreibe, war ich wieder kurz darauf. Nur schon das Wippen darauf – besonders dann, wenn ich mal so richtig „einsteige" und meine Haarspitzen an der Decke fühle – tut gut und macht Spass.
Auf der anderen Seite gibt es das beschriebene 15-Minuten -Workout, das eigentlich in jedes noch so stressige Alltagsgefüge reinpasst und wo du es dir fitnessmässig so richtig besorgen kannst, falls du „es" mal „haben" musst (wie wir es im Bündner-Schweizerdeutschen so schön sagen – „ii muases hütt amool so richtig haa!").

Oder wenn du gerne angeleitet auf dem Trampolin trainierst, dann gibt es den Online-Bereich mit Videos, die du dir zusammenstellen kannst und wo dich dann immer ein virtueller Jemand mitnimmt.

Ein anderes, niederschwelliges Beispiel im Outdoor-Bereich ist heute das **E-Bike**. Da kann ich mich draufsetzen und gerade nach Tagesform den Elektromotor als Unterstützung dazu nehmen. Da kommt dann die frische Luft, die Sonne, der Aufenthalt in der Natur dazu, den ich äusserst empfehle. Auch trotz mittelgrossem, innerem Schweinehund magst du dich darauf schwingen und los geht's!

Weil es thematisch gut passt und mir auch inhaltlich gefällt, wollen wir uns noch mit **den „Bösen", den „Eidgenossen"** und den „Königen" beschäftigen.

Die „ganz Bösen" sind die besten Schweizer Schwingsportler; alle Schwinger, die einen Kranz an einem eidgenössischen Schwing- und Älplerfest gewinnen, sind „Eidgenossen" und diejenigen Mannen, die die Eidgenössischen gewinnen, sind „Könige", Schwingerkönige. Hier klingen noch einmal, zugegeben vielleicht leicht verklärt, die alten Eidgenossen an, allerdings in einem heutigen Kontext. Der ungeschminkte, urtümliche, bodenständige Schwingsport im Sägemehlring ist in der Schweiz seit eh und je beliebt. Hier erleben wir, neben der Folklore, noch eine in weiten Teilen authentische, schweizerische Männerkultur, die alle Bevölkerungs- und Altersgruppen erreicht und fasziniert.

Hier leben sie noch – die Eidgenossen!

Beim Schwingwettbewerb geht es um:
- Fairness
- gegenseitigen Respekt
- sich seinem Gegenüber zu stellen
- sich im Sägemehl zu wälzen und sich für etwas schmutzig zu machen
- sich mit Augenkontakt die Hand reichen, vorher und nachher
- dem besiegten Gegner nach dem Sieg das Sägemehl vom Rücken streichen
- auch einmal einen „gestellten (unentschiedenen) Gang" anzustreben bei gleich starken Gegnern
- Fitness, Stärke, Körperkraft und Taktik
- Mut, Wut und Entschlusskraft – um "ein Böser" zu sein
- Modellathleten, Übergewichtige mit Wampe, Hübsche und weniger Hübsche, Kleinere und Grössere
- Authentizität, keine Reklame ist auf der Bekleidung und im Ring erlaubt – es zählt nur der Mann selbst
- und nein, ich bin selber kein Schwingsportler

Mir gefällt beim Schwingen die starke Symbolik: die erdige Bodenständigkeit – man(n) wälzt sich im Sägemehl am Boden, den Geruch des Harzes; die Fairness und der Respekt vor dem Gegner – wie z. B. bei asiatischen Kampfsportarten; das Ungeschminkte, Urtümliche, Geradlinige, das uns an unsere Vorfahren, die Eidgenossen, erinnert und schliesslich noch das (noch weitgehende) Abkoppeln vom Business – auf dem Platz weit und breit (noch) keine Reklame, jeder steht primär für sich selbst.

Aber leider gibt es sie auch schon, die leicht inflationären „Könige", die als wandelnde Reklamewände, tapeziert mit ihren Sponsorenlogos, im normalen Leben (ausserhalb des Ringes) unter die Leute müssen und wahrscheinlich auch wollen ...

Beim **Tanzen,** z. B. mit den **„5 Rythms"**[33], können wir uns körperlich auf ganz verschiedene Art und Weise wahrnehmen:

„Tanzen, Singen, Lachen, Schwitzen und mit dem Körper beten: Wildheit, Leidenschaft, Wut oder Trauer haben darin ebenso Platz wie Meditation und Stille. Die Begründerin, Gabrielle Roth, entdeckte fünf universelle Grundmuster: Fliessen, Staccato, Chaos, Lyrik und Stille."

Diese Art des Tanzens ist mit ihrem Aufbau sehr gut geeignet für die 5-Elemente-Männerarbeit. Da gibt es Audios, Apps und Videos, YouTube etc., die du dir besorgen und mit denen du selbstständig arbeiten kannst. Aber es gibt auch weltweit viele 5-Rythms-Tanz-Veranstaltungen – vielleicht auch in deiner Nähe?

Die Arbeit mit dem physischen Körperhaus, speziell im Bewegungsapparat, ist meiner Erfahrung nach besonders wichtig **für hochsensible Männer**. Dies ist das Gebiet, in dem sich viele sog. Normal-Sensible zu Hause fühlen, wohl fühlen, einen direkten Zugang dazu haben und wo Hochsensible von diesen lernen können.
Ein fitter Körper, in dem Tonus oder Spannung in der Muskulatur ist, wo aber auch eine gewisse Zähigkeit im Ausdauerbereich vorhanden ist, kann für Hochsensible zu einem Gefäss werden, in welchem ein sehr feines, sensibles Wesen wohnen kann und sich geborgen fühlt. Als Hochsensibler körperlich fit zu sein, verleiht eine gewisse Robustheit gegen aussen, kann so einen Ausgleich und diesbezüglich mehr Resilienz oder psychische Widerstandskraft schaffen. Darum empfehle ich allen hochsensiblen Männern ein regelmässiges, ihnen angepasstes Körper- und Fitnesstraining.

DER SUBTILE ODER ENERGETISCHE KÖRPER

Dann wollen wir uns als Nächstes mit unserem energetischen Körper beschäftigen und über alle möglichen Formen der sanfteren Körperbewegung sprechen. Yoga oder Chi Gong ist mittlerweile schon so in unserer Gesellschaft verankert, dass schon fast alle etwas darüber wissen. Ja, Männer, auch wir haben neben dem physischen, grobstofflichen Körper einen energetischen Körper – nicht nur die „Esos" und die Frauen! Da geht es um die Wahrnehmung von Energie, die idealerweise fliesst – im Englischen: Flow. Die meisten von uns können sich in diesem Zusammenhang unter dem Meridiansystem der traditionell-chinesischen Medizin etwas vorstellen, jedoch ist Energie in unserem Körper auch spürbar.

> ÜBUNG 7: Stehe auf, gehe ans Fenster, mache es auf und atme nun mit geschossenen Augen 10 - 15 x ganz tief durch die Nase ein und durch den Mund aus. Dann beobachtest du mal, was sich in deinem Körper tut – ja, genau, das ist Energie, die du als Kribbeln spürst! Diejenigen Orte, wo du das Kribbeln stark spürst, da ist viel Energie, dort, wo du trotz der Atemübung wenig oder nichts spürst, da ist wenig Energie ... okay?

Und nun möchte ich dir auch noch die zweite, energetische Übung aus der integralen Lebenspraxis[34] zum Thema Arbeit mit unserem energetischen Körper vorstellen:

> ÜBUNG 8 (durch mich leicht modifiziert):
> Komme für diese Übung ins Stehen, wenn möglich in bequemen Kleidern und barfuss.
> Klopfe mit der Faust oder geöffneten Hand deinen Körper spürbar ab: Arme, Brustkorb, Unterleib und Beine (keine blauen Flecken!). Achte darauf, sowohl die Vorderseite als auch die Rückseite deiner Arme und Beine abzuklopfen.
> Am Schluss stehst du eine Weile still mit geschlossenen Augen, die Füsse schulterbreit auseinander, Knie leicht gebeugt, die Wirbelsäule locker und aufrecht, die Arme hängen in ein paar Zentimetern Abstand neben dem Körper, die Hände sind geöffnet ...

Na, wie war die Kostprobe? Wenn dich das anspricht, empfehle ich dir mal in deiner Nähe in einen Yoga- oder Chi Gong-Kurs zu gehen. Einerseits macht diese energetische Arbeit in einer Gruppe viel Spass und da spürst du dann noch das sich dabei aufbauende Energiefeld der Gruppe „als Supplement"; andererseits kannst du dann anschliessend, wenn du ein paar Übungssequenzen gelernt hast, auch locker zu Hause z. B. am Morgen, bevor du zur Arbeit gehst, eine kurze Einheit üben – du gehst dann ganz klar anders in den Tag. Und wenn du regelmässig übst, dann hast du einfach mehr Power in dir, die du einsetzen kannst.

SELBST-FÜRSORGE

Hier kommt nun der Begriff der „Selbstfürsorge" ins Spiel. Am Anfang und zu allererst geht es um die Fürsorge für mich selbst; wenn es mit dieser nicht weit her ist, dann ist sie auch in den sozialen Kontakten zu den eigenen Kindern, zur Partnerin etc. nicht gesund und tiefgründig. Also, und das mag ein bisschen egoistisch tönen, geht es darum, ganz bewusst zuerst für dich selbst eine gute Form der Fürsorge, des liebevollen Umgangs und der Selbstliebe zu etablieren. Das ist definitiv ein wichtiges Thema in diesem Kapitel, aber auch im nächsten, wo es dann um die Emotionen geht. Natürlich begegnen sich in diesem Thema die körperlich-vegetative und die gefühlsmässige Selbstfürsorge, die ich an dieser Stelle einmal zu einem differenzierteren Verständnis absichtlich so auftrennen möchte.

Neben der harten Form der Fürsorglichkeit, wenn wir unseren Körper, unseren „Bewegungsapparat" mit Fitness und Sport trainieren, gibt es die sanfteren Formen der Bewegung, die sich gut anfühlen und die sich, falls wir sie regelmässig anwenden, auf unsere körperliche, vegetative, emotionale und geistige Form positiv auswirken (siehe vorheriges Thema).
Wir Männer müssen uns davon verabschieden, dass nur die harten Formen zählen, männlich machen etc. – bei der Selbstfürsorge ist nun nämlich ein möglicher Übergang zu sanfteren Formen der Sorge für dich und andere möglich. Und da haben wir Handlungsbedarf, liebe Mit-Männer!

Nicht erst seit den aufsehenerregenden Männer-Selbstmorden der letzten Jahre, die wir ja medial v. a. von der CEO- und Teppichetage her kennen, wissen wir um das „No-Go", dass es als Mann nur immer darum geht, Härte und Leistungsbereitschaft zu zeigen. Das hat leider den entschiedenen Nachteil, dass der Burn-out oder andere heftige, chronische und akute Erkrankungen wie ein Herzinfarkt irgendwann „so sicher wie das Amen in der Kirche" sind. Damit verbunden der akute Spitalaufenthalt auf der Intensivstation (ohne Aussicht und mit hoffentlich ein bisschen Einsicht ...) oder die totale Erschöpfung, die zunehmend miserable Ernährung, die Vernachlässigung des Körpers im Bereich Pflege und Fitness, der Selbst-Verachtung, weil je länger, umso weniger geht, die soziale Isolation, die Partnerin, die sich mit oder ohne Kinder in Sicherheit bringt ...

Schon die Erfahrungen mit uns Nahestehenden, einem Mann in unserer Sippe, am Arbeitsplatz oder Freundeskreis müssten eigentlich ausreichen, um uns aufzurütteln, uns für dieses wichtige Thema der „Selbstfürsorge" zu gewinnen. Leider sind wir Männer, gerade auch aus historischen Gründen, so ziemlich resistent gegenüber solchen „Weichei-Allüren". Also lasst uns hier und jetzt beginnen, in dieses „neue Gefäss" langsam, aber sicher Dinge für uns reinzulegen.

WO BIN ICH ALS MANN ZUHAUSE?

Nachdem wir uns nun ein bisschen ausführlicher mit dem wirklich Anwesend-, Präsent- bzw. Zuhause-sein in unserem männlichen Körper beschäftigt haben, kommt ein nächster, für mich auch sehr essentieller Aspekt auf das Tapet:

WO bin ich als Mann <u>wirklich</u> ZUHAUSE im Aussen?

Ich habe in diesem Zusammenhang in den letzten Jahrzehnten immer wieder die Antwort auf die Frage „Wo bin ich als Mann zu Hause?" bei mir und bei vielen anderen Männern als ein recht unklares, vages oder mit starken Abhängigkeiten behaftetes Thema erlebt. Und oft ist es vage, weil es wiederum mit der vegetativen Komponente in uns zu tun hat.

Viele Männer sind da zu Hause, wo ihre Familie ist – am krassesten zu erleben im „Hotel Mama", wo der 25-jährige „Sohnemann" daheim bei Mutti (nicht Vati, denn der hätte ihn – wenn er dann Manns genug wäre – schon längst rausgeschmissen …) lebt und als grosses Kind mit der eingestöpselten Nabelschnur so gar keine Anstalten macht, erwachsen, geschweige denn ein Mann zu werden. Weniger auffällig und doch genauso untersuchungswürdig ist der Mann, der bei seiner Partnerin (ev. Ersatzmutter) oder seiner Familie – Partnerin und Kinder – zu Hause ist.

STATEMENT:
„Am Indikator, wie und wo und v. a. ob ein Mann in und mit sich an einem Ort wirklich zu Hause ist, erkennen wir, inwieweit er seinen Platz als Mann in sich und in der Gesellschaft in Autonomie gefunden hat, und damit, wie weit er bereits emanzipiert ist!" … Hoppla!

Die Stunde der Wahrheit schlägt wirklich dann, wenn ein Mann alleine lebt, entweder selbst gewählt oder auch viel häufiger und immer wieder, weil er – und auffälligerweise praktisch immer der Mann! – bei einer Trennung sich aus der Wohnung bzw. aus dem Haus drängen lässt, nachgibt und sich dann typischerweise irgendwo mal v. a. auch provisorisch niederlässt – und das überzufälligerweise immer wieder auch längere Zeit … im Dauerprovisorium! Oft sind diese Behausungen dann auch richtige „Höhlen", wo die Bananen-schachteln zum trendigen, innendekoratorischen „Must" geworden sind, wo es schlecht riecht, die Unterwäsche am Boden verstreut ist und wir über die Pizza-schachteln und Bierflaschen steigen müssen …

Okay, gut, ich habe es vielleicht ein bisschen überzeichnet, aber dies sind für mich untrügliche Zeichen dafür, dass wir als Männer in dieser Dimension der „Selbstfürsorge" noch sehr viel „Luft nach oben" haben … und es kann sein, dass dies nun bei jüngeren Männern heute tendenziell schon ein bisschen weniger oft in der ganz krassen Form vorkommt. Das wäre ja schön!

Und oft schämen sich Männer, die alleine leben oder dazu gezwungen wurden, weil sie aus einer Beziehung hinaus-komplimentiert wurden, den Schwanz eingezogen haben oder sich schlicht und einfach beziehungsunfähig fühlen. Sie verkriechen sich dann in solchen „Löchern" und da sieht es dann wie in einem Rattenloch aus, wo Männer sich auch gerne als Opfer zurückziehen, um sich mal ausgiebig schlecht zu fühlen und sich in Ruhe selbst zu bemitleiden ... und vielerlei Strategien entwickeln, um dabei gar nicht merken zu müssen, wie schlecht es ihnen eigentlich geht ... in diesen Behausungen fühlen sich dann auch gerne die Süchte zu Hause: Ess-, Alkohol-, Drogen-, Internet- oder Pornosucht etc. ... Habe ich etwas vergessen?

Hier gibt es meiner Meinung nach ein kollektives, wahrscheinlich schon uralter und darum vegetatives Thema, dass uns hier als Einzelmann und auch als Männerkollektiv immer wieder einholt und ein Bein stellt. Hier erleben wir als Männer nun wirklich *live,* wie sich das viel zitierte, aufgebrochene Rollenmodell von früher anfühlt ... Sch ... nicht gut, oder?

Tja, die Geschichte mit dem Ernährer, dem Beschützer und dem Fortpflanzer, der als Mann so die menschliche Rasse erhält, ist in der heutigen Zeit oft brüchig, löchrig geworden oder fällt gar im Extremfall ganz weg. Da wurden die Männer aus vielen Beziehungen zu Frauen weg-emanzipiert, ersetzt, ersatzlos gestrichen ... die Samenbank und der Selbstverteidigungskurs mit Trähnengas-Spray lässt grüssen! Und das ist nun wirklich heftig, setzt uns so richtig zu, bringt uns zum (Ver-)Zweifeln und lässt uns als Opfer mit bodenlosen Schamgefühlen zurück ...

 Und genau hier setzt nun dieser innere Emanzipationsschritt der Männerbewegung an: **was heisst es, in sich und an einem Ort wirklich zuhause zu-sein**?

Und die Reihenfolge ist eigentlich die:
- ☑ zuerst finde ich in mir, in meinem Körper(haus) und in einer guten Körperpflege und -sorge etc. (siehe oben), ein Zuhause - und damit ein gutes, achtsames Körpergefühl in Ruhe oder auch in der Bewegung.

- ☑ Als Nächstes suche ich mir eine Wohnung oder wenn es das Bankkonto zulässt ein Haus.
- ☑ Dann kommt das lustvolle und schrittweise Einrichten der Wohnräume dran; analog dazu: Wenn wir in ein neues, frisch erstelltes Haus einziehen, dann wird zuerst das Haus fertig-gestellt und wir richten uns zuerst im Haus innen ein (Küche, Bad, Schlafzimmer)
- ☑ Erst dann kommt das AUSSEN, die Umgebung, der soziale Kontakt dran – als Resultat des vorher erfolgreich durchlaufenen Prozesses des Ankommens und des Sich-im-INNEN-Einrichtens (in sich und in der Wohnung).
- ☑ Nach dem Sich-Öffnen nach aussen kommt die Zeit für die Wechselwirkungen der Einflussnahme von innen nach aussen bzw. von aussen nach innen.

Bei diesem Emanzipationsschritt ist es absolut wichtig, dass wir zuerst in uns selbst ankommen, in eine Autonomie kommen, in ein unverwechselbares Selbstbewusstsein – jenseits von Scham und Opferrolle! Und für einen solchen Autonomieschritt des Mannes spricht ganz klar, dass jeder Mann einmal für eine gewisse Zeit **allein** – *all-eins* – für sich leben sollte und so einmal die Erfahrung machen kann, wie es sich anfühlt, bei sich selber im eigenen Körper drin und auch in einer Wohnung, die er für sich so richtig schön eingerichtet hat, zu Hause zu sein – und wo er sich in beiden Anteilen wohl fühlt.

Die Realität ist allerdings oft, dass wir diesen wichtigen Schritt auslassen und von zu Hause aus direkt mit einer Partnerin oder mit den WG-Kumpels zusammenwohnen. Da wird dann diese Übung doch schon einiges anspruchsvoller, ganz abgesehen davon, dass die unmittelbare Erfahrung mit sich selber, „im eigenen Saft schmorend und garend", so gut wie wegfällt.

Oder der Mann, der in einer Beziehung oder mit seiner Familie zusammenlebt: Wann warst du das letzte Mal alleine zu Hause, alleine für dich? Fremdwort – findest du nicht im Duden! Hast du einen eigenen Raum für dich zu Hause – ein eigenes Schlafzimmer, Büro,

Werkraum – wo es so richtig nach dir riecht, wo es gemütlich ist, du dich zurückziehen (Tafel aussen – „Bitte nicht stören!") und darin verweilen kannst und magst? Wann warst du das letzte Mal alleine zu Hause, als deine Mitbewohner alle weg waren? Wann warst du das letzte Mal für dich alleine in den Ferien – ev. ja einfach mal für ein verlängertes Wochenende? .... ☠

„My home is my castle" – diesen Ausspruch kennen wir von den Briten und er drückt aus, dass „das Zuhause" offensichtlich für diese Menschen eine imperative Priorität hat oder, weniger geschwollen ausgedrückt, für diese einfach wahnsinnig wichtig ist, sodass sie sich wie Könige (und Königinnen) in ihrem Schloss fühlen ...

MEINE GESCHICHTE ZUM THEMA „ZUHAUSE SEIN"

In diesem Zusammenhang möchte ich dir nun einen Teil meiner eigenen Geschichte zum Auffinden eines Zuhauses als Mann erzählen:
Ich lernte meine Ex-Frau 1995 kennen; das Jahr darauf zog sie zu mir ins Bündnerland, wo wir dann zuerst zusammenwohnten. Wir haben im Jahre 1999 geheiratet, zusammen 2002 ein Haus gekauft und eingerichtet und lebten dann da zusammen. Nach wiederholten Problemen in unserer Ehe und diversen Rettungsversuchen und Therapien haben wir uns im Jahre 2010 für ein Jahr getrennt, um so unserer Beziehung Raum zu geben und allenfalls einen Neustart zu ermöglichen. Da meine Ex-Frau, als sie von der Westschweiz zu mir gezogen war, ihr ganzes soziales Umfeld zurückgelassen hatte, hatte ich mich bereit erklärt, selber extern zu wohnen. Da musste ich nun vorübergehend ein Zimmer suchen und fand schliesslich eins, das ich befristet mieten konnte, zuerst mit WC auf dem Gang, nachher eines mit WC/Dusche drin. Die Reduktion vom eigenen Haus ins Zimmer war heftig.
Das Jahr verging und nach dem vereinbarten Treffen wurde ich, der sich einen Neustart in einem neuen Beziehungskonzept gewünscht hatte, damit konfrontiert, dass sie nicht mehr wollte. Dies führte schliesslich im Jahre 2012 zur definitiven Trennung und Scheidung.

Die Aufgabe meines Zuhauses im gemeinsamen Haus war äusserst schmerzhaft, demütigend und bei mir mit vielen Schamgefühlen und auch Ängsten verbunden. So hauste und vegetierte ich dann anfänglich weiterhin in meinem Zimmer, das mir wie eine Art „Schutzraum" in einer Berghütte auf 2000 m vorkam; da überlebte ich dann zunächst. Irgendwann war ich dann soweit – nachdem ich mich innerlich wieder ein bisschen aufgefangen hatte – dass ich mir eine mittelgrosse Wohnung suchte, die sich nicht mehr so stark als Provisorium anfühlte. Obwohl ich schon als Student in Basel mal eine eigene Wohnung gehabt hatte, war diese Wohnung gefühlsmässig höchstens eine komfortablere Übergangslösung – zu Hause fühlte ich mich da nicht.

Dann hatte ich die Möglichkeit, im Mehrfamilienhaus meiner Eltern eine Wohnung zu übernehmen, wo ich den Garten mitbenutzen konnte. Jedoch hatte die Nähe zu meinen Eltern zur Folge, dass ich mir erst recht bewusst wurde, wie wenig ich mich selbständig und zu Hause fühlte. Dies führte dazu, dass ich einsah, dass dies niemals mein Zuhause sein konnte, und so bezog ich dann im Jahre 2014 meine jetzige, geräumige Wohnung. Erst die intensive, innere Arbeit an mir selber brachte mich dann schliesslich dazu, dass ich realisierte, dass ich wirklich ein eigenes, schönes Zuhause verdient hatte. So hatte ich mir dann da ein paar Monate Zeit genommen und diese Wohnung Schritt für Schritt eingerichtet – neue, farbige Vorhänge, einen grossen Ess- und Mehrfunktionstisch, weitere Möbel, Geschirr, Bilder von eigenen Fotografien auf Plexiglas aufgezogen, Meditationsecke, Fitnessbereich, Büro, neue Pflanzen etc.

Über diesen langen Weg habe ich am eigenen Leib erfahren, wie es ist, heimatlos zu sein, im Rückzug, in all den Schuldgefühlen, mit der Scham, als Mann alleine zu sein, als Privatperson ein Looser zu sein – bis ich dann durch einen Prozess mit intensiver, vielschichtiger, innerer Arbeit, unterstützt durch Ärzte und TherapeutInnen, bereit war, Lust und Freude bekam, nun auch zu Hause „mein Ding" zu machen. Ich brauchte aber eine lange Zeit, um wirklich zu erspüren, was alles zu einem Zuhause, zu **meinem Zuhause** dazugehört – in mir innen wie auch dann in meiner Wohnung. Heute fühle ich mich hier das erste Mal als erwachsener Mann alleine wirklich rundum wohl, wirklich bei und in mir angekommen und mit Haut und Haaren ZU HAUSE ...!

Heute bezeichne ich mein Zuhause als Ort der Ruhe, des Rückzugs, des Aufgehoben-Seins, wo ich mich sicher und geschützt fühle, wo ich einen kreativen Raum betrete, der mich regeneriert und nährt, wo ich mir selber Mahlzeiten zubereite, für mich einkaufe, den Kühlschrank regelmässig auffülle, meine Kleider wasche und einen Haushalt führe ... und wo ich immer weiter „in meinem eigenen Saft weitergare" und ich selber sein kann ...

DIE NAHRUNG UND DAS GENÄHRT-SEIN

So kommen wir nun zu einem weiteren, grossen Anteil im Element ERDE: das Thema Nahrung und Genährt-sein.

Was nährt mich wirklich?
Wie gut nähre ich mich?
Wie gehaltvoll ist meine Nahrung?

Dies ist ein grosses, umfassendes Thema, das sich nicht nur auf die körperliche Ebene und die Nahrung – das Essen & Trinken – beschränkt, sondern sich auch auf alle anderen Ebenen ausdehnt: vegetative – emotionale – mentale und spirituelle Nahrung!

Dabei gibt es einen kollektiven Teil, wo wir sagen können, dies und das nährt uns als Männer grundsätzlich, tut uns allen gut. Dann gibt es wiederum auch die individuelle Nahrung, die nur gerade dich besonders gut nährt.

Wir haben schon einige Aspekte der Nahrung und des Genährt-seins kennengelernt – Präsenz im Körper, Fitness, Selbst-Fürsorglichkeit und das Zuhause.

Auf den Punkt gebracht, ist es natürlich eines der grundlegenden Ziele dieses Buches, dich als Mann und uns als Männerkollektiv zu nähren – mit einer vielseitigen, abwechslungsreichen, kreativen, vollwertigen, schmackhaften und aufbauenden Nahrung im Bereich der 5 Elemente. So findest du hoffentlich viele Leckereien für dich in diesem Buch!

Ich möchte nun anschliessend zwei Aspekte des Sich-Nährens hervorheben und vertieft beleuchten: einerseits „unsere tägliche Nahrung" und andererseits „Sinnlichkeit und Berührung".

ESSKULTUR - LEBENSMITTEL, SLOW ODER FAST FOOD?

Beim Essen und Trinken können wir einmal grundsätzlich hier in der Schweiz davon ausgehen, dass wir uns in einem Schlaraffenland bewegen. Die Regale aller Lebensmittelläden, Supermärkte und „Quartierlädeli" (CH für kleiner Quartierladen) biegen sich tagtäglich unter der Last eines gigantischen Angebotes. Darum geht es bei uns vielen wohl kaum oder nur sehr selten (z. B. in Grossfamilie mit Eltern im „working poor"-Modus) um den quantitativen Aspekt der Nahrung, sondern luxuriöserweise viel mehr um die qualitative Dimension. Es geht also um die Unterscheidung, was LEBENS-Mittel im

Vergleich zu normalen Nahrungsmitteln sind und was „Fast Food" von „Slow Food" unterscheidet. Wenn wir hochwertige Lebensmittel auf ihren Gehalt untersuchen, dann sind sie oft schonend produziert, grösstenteils naturbelassen und biologisch hergestellt, haben einen hohen Anteil von Mikronährstoffen und weisen, in den subtileren Bereichen betrachtet, bei der Untersuchung auf den Gehalt an Biophotonen, in der sog. Kirlianphotografie oder speziell beim Wasser mit der Wasser-Kristall-Analyse nach Emoto grosse und entscheidende Unterschiede auf.

Hier möchte ich nun mein langjähriges Wissen bzw. meine langjährigen Erfahrungen als ganzheitlich tätiger Zahnarzt und komplementär-medizinischer Berater und Coach einfliessen lassen, welche auch in meinem ersten Buch **„Zähne ganzheitlich behandeln"** nachzulesen sind [35].

Auch in unserem speziellen Kontext gilt: MANN IST, WAS MANN ISST! Also übersetzt in die Alltagssprache heisst das: Unser Organismus bis hinunter in die Zellen der einzelnen Gewebe und Organe wird ständig aus den Nahrungsbestandteilen, die wir uns ein-verleiben, aufgebaut, angefangen im Mutterleib bis zur täglichen Ernährung heute. Am krassesten können wir das am Beispiel der Mundschleimhäute und des Zahnfleisches sehen; es ist wissenschaftlich nachgewiesen, dass diese Schleimhäute sich jede Woche komplett erneuern, also haben wir innerhalb von nur 7 Tagen – mal abgesehen von den Zähnen (das würden sich wahrscheinlich viele von uns wünschen) – alle Schleimhäute neu! Und gerade diese schnell sich reproduzierenden Gewebe nehmen sich natürlich die meisten Bausteine aus der Nahrung. Ganz anders sieht es bei den Geweben des Nervensystems aus. Diese werden eigentlich bei der Geburt angelegt, wachsen dann mit uns mit und werden dann nicht mehr ersetzt, sondern haben sog. Reparationsmechanismen, die bei diesen „den Unterhalt" machen und sie reparieren. So ist die Qualität dieser Gewebe wesentlich durch die Nahrungsqualität während der Schwangerschaft und der ersten Lebensjahre bedingt.

Was hier noch bezüglich unserer Verdauung zu erwähnen ist und in den letzten Jahren immer mehr bekannt und nachgewiesen wurde, ist der vielseitige Einfluss der sog. Mikrobiota, also der Mikroorganismen, die in uns und ganz speziell in unserem Verdauungstrakt beheimatet sind.

Wenn wir uns nur mit „Fast Food" ernähren, dann ändert sich diese Bakteriengemeinschaft mit und versucht dann das Beste draus zu machen, aber der Anteil der „bösen Jungs" in unserem Darm nimmt ständig zu und wir werden gerade auch wegen der Fehlfunktion der Mikrobiota krank und kränker …

Was wir also primär tun können und sollen, ist, uns wirklich täglich und langfristig gut, gehaltvoll und vollwertig zu ernähren. Aber … zu einer **ganzheitlichen Esskultur** gehört auch das Essen, z. B. am Mittag, in Ruhe, mit genügend Zeit (mind. 3/4 Std.), ohne Stress, ohne dabei die Zeitung zu lesen oder deine SMS oder E-Mails zu lesen! Anschliessend ev. ein kleiner „Verdauungs-Power-Nap"?

Dies ist eine besondere Form der Selbstfürsorge, die unsere Verdauung und den ganzen Organismus in Gemeinschaft mit unserer Mikrobiota gesund erhält.

Nicht ganz unwichtig, findest du nicht auch?

ÜBUNG 9: Nimm dir einen Moment Zeit und visualisiere dir Folgendes:
Wie hat dein Einkaufskorb oder Einkaufswagen beim letzten Grosseinkauf ausgesehen?
Findet sich da neben Bier, Cola, RedBull, Chips, Büchsenravioli und Schokolade auch etwas, das wir unter der Rubrik LEBENS-Mittel laufen lassen können?
Wie gross ist der Anteil von LEBENSMITTELN darin? 1 oder 70 %?
Wie lange nimmst du dir Zeit zum Essen? Z. B. in der Mittagspause, wenn du arbeitest?
Wie mundet dir dein Essen?
Wie lange hast du gekaut, bevor du schluckst?
Wenn sie dich im Restaurant (am Mittag) fragen, ob es gut war – war es wirklich gut oder nur mittelmässig?
Kleiner Verdauungsspaziergang oder Power-Nap getan?
....
....
Wie wär's an dieser Stelle mit einem Eintrag in dein Tagebuch?

DER GANZ BEWUSSTE „STUHL-GANG"

Zu der Fürsorge für deinen Bauch, für deine Gedärme und dein Bauchgefühl, gehört – wie es uns die Ayurveda-Lehre aus Indien vorlebt – auch der bewusste Gang auf die Toilette für den Stuhlgang. Stuhl ist nicht Scheisse, eine „gepflegte Stuhl-Kultur" ist wichtig. So lasse deinen Darm nicht warten, wenn er dir zu verstehen gibt, dass er „muss". Bitte sei dann aber ganz „beim Geschäft", wenn du mal da bist, sei einfach mit deinem Bauch und lies da nicht parallel noch 3 Comics für 1 Stunde. Nicht vergessen: Das gute Funktionieren sämtlicher Hauptausscheidungswege – Stuhl, Urin, Schweiss, Atem – ist essenziell für die Gesunderhaltung deines Körpers.

> Zur vegetativen Selbst-Fürsorge gehört also das Aufbauen und Unterhalten einer **"ganzheitlichen Ess- und Stuhl-Kultur"** (bitte nacheinander und nicht durcheinanderbringen ... :-). Got it?

BERÜHRUNG, SINNLICHKEIT UND NÄHE

Und nun soll es noch um eine ganz andere Art der Nahrung gehen: um Berührung, Nähe und Intimität. Hier geht es um die Sinne, die Sinneswahrnehmung, die zuallererst einmal eine rein vegetative Angelegenheit ist – v. a. bei der Berührung, Wärme, Nähe, Hautkontakt, beim Geruch, beim Hören z. B. des klopfenden Herzens der Eltern ...

Eine der köstlichsten Nahrungen überhaupt für uns Männer (und Frauen) ist diejenige, die wir als Kleinkind, als Kind, als Jugendliche und Erwachsene im Bereich der Berührung und Nähe bekommen und bekommen haben; einerseits geht es grundsätzlich um das Kuscheln, das Anlehnen, das Riechen, das Fühlen, die Wärme, die Liebe, die Nähe, die Zärtlichkeit, die Geborgenheit, die wir v. a. auch als Kleinkind und Kind erfahren durften.
Andererseits ist für uns Männer das *"5-Sterne-Menü *****"*, all das auch (abgesehen von der Mutter) **von seinem eigenen Vater** bekommen zu haben ...
Wenn du magst, kannst du dir hierzu noch mein Gedicht in Englisch „The taste of my fathers skin" auf meiner Homepage – www.nature-spiritual-art.ch unter „manifestationen/audio-video-poetry – ansehen bzw. -hören.

Menschen, die als Kleinkinder und Kinder nie wirklich stundenlang kuscheln, auf dem Schoss ihrer Eltern sitzen, zusammen im gemeinsamen Bett schlafen etc. durften, bleiben ihr ganzes Leben lang hungrig – und das gilt natürlich in diesem Sinne für uns Männer wie Frauen. **Berührung, Nähe, Intimität** für sich – eben gerade auch als Kind unbedingt ohne jede Sexualität oder sexuelle Stimulierung – ist eigentlich ein Grundrecht jedes menschlichen Lebewesens. Manchmal fällt es uns Menschen leichter, unserer Katze oder unserem Hund diese Nahrung zu geben. Da erleben von uns viele eine Armut, die vielleicht nicht materiell ist, sondern sich im Bereich der Nähe zeigt. Ich hatte Eltern, die für mich zwar materiell keine Wünsche offen liessen, jedoch im Bereich der Berührung nur ganz wenig zu geben hatten. Und oft hat das natürlich wiederum mit der Prägung unserer Eltern durch ihre Eltern zu tun.

Wie schon angetönt, ist meines Erachtens die köstlichste Nahrung im Bereich des Vegetativen und der Grundemotionen, die ein Mann je in seinem Leben in diesem Bereich bekommen kann, aus den folgenden Ingredienzen zusammengesetzt:

- als Kleinkind stundenlang nackt auf der nackten Haut deines Vaters und deiner Mutter sein – Wärme, Weichheit, Geruch, Intimität – die Eltern einzeln oder gar gleichzeitig.
- die direkte, körperliche Nähe des Vaters als Anlehnen an ihn, als auf seinem Schoss sitzen, als Wärme, als Riechen seines Schweisses, seines Parfüms, seines Deos und seines Rasierwassers ... als köstlicher Moment der Geborgenheit, der Sicherheit und des Eins-Seins mit ihm.
- die ungeteilte, alleinige Aufmerksamkeit des Vaters im Spiel mit dir.
- das gemeinsame Arbeiten von Vater und Sohn an etwas – in der Werkstatt, im Garten, am Auto; seinen Daddy einfach zu erleben, seine Anwesenheit, seine Präsenz zu spüren.
- Im gleichen Raum zu sein mit deinem Vater, der an etwas arbeitet; seine Anwesenheit, seine Präsenz, seine Art und Weise, Mensch und Mann zu sein, in seinem Kraftfeld zu sein, in diesem zu baden ...
- ...

In diesem Sinn ist jeder Mann, der diese Nähe speziell zum eigenen Vater – z. B. wegen dessen Abwesenheit durch zu viel Arbeit, durch Trennung, durch ein bewusstes, absichtliches Fernhalten der vom Vater getrennt oder geschieden lebenden Mutter oder durch einen schamhaft sich zurückhaltenden Vater etc. – als Kind und Jugendlicher in der Familie gar nicht oder nur spärlich bekommen hat, unterernährt und ganz oft auch unbewusst sein ganzes Leben auf der Suche danach.

Es geht darum, in dieser Geborgenheit in der Nähe des Vaters oder zu einer ganz nahen, männlichen Bezugsperson eine Vorlage bekommen zu haben, wie es sich bei und in der Nähe eines Mannes anfühlt – als Vorlage für das eigene (vegetative) Selbstbewusstsein, für die Prägung eines Teils deiner männlichen Identität, die dann später auch noch ganz individuell (emotional) ausgebaut werden kann.

> Es geht also um die vegetative, gefühlte, gespürte, gehörte, gerochene, gesehene Präsenz des Vaters als „Prototyp", was es heisst, ein Mann zu sein!

Und genau diese Nahrung ist für Kleinkinder, Kinder und Jugendliche auch durch einen noch so gut gemeinten und aufopfernden Ersatz der Mutter oder einer anderen weiblichen Bezugsperson nie und nimmer zu ersetzen oder auszugleichen. Im Gegenteil kommt es sogar auch immer wieder vor, dass – gerade weil Männer durch die Dominanz der Weiblichkeit von der Mutter, Oma bis zur Lehrerin während ihrer Erziehung nie in der Lage waren, eine wirklich männliche, gesicherte, authentische und gelebte Identität zu erlangen – sie in ihrer Rolle als Mann für sich, aber auch in der Beziehung zu einer Frau immer unsicher bleiben.

Ein guter und aktueller Ort, diese Nahrung immer wieder zu bekommen, ist **die Männergruppe**, in der diese Nähe, Wärme und Intimität (wiederum ganz ohne sexuelle Komponente) gepflegt wird – z. B. durch die Umarmung am Anfang und am Ende des Treffens, durch Gruppenübungen oder beieinander zu sitzen, zusammen zu meditieren und zu schweigen etc.

In diesem Zusammenhang möchte ich dir noch von einem Erlebnis berichten, das bei mir hängen geblieben ist, als ich im Jahre 2012 als einer von drei Assistenten bei Björn Thorsten Leimbach an einem Männerseminar[4] dabei sein durfte. Dabei kam es während des Seminars zur Situation, dass alle Männer im Kurs still längere Zeit beschäftigt waren. Da gab es für uns „Assis" eine Pause oder eine Gelegenheit, sie für uns zu nutzen. Da sehr schöne Musik „on" und der Raum ein bisschen gedimmt war, setzten sich Peter und ich als Assistenten, die gerade „offline" waren, in eine Ecke des Raumes. Und plötzlich kam mir die Idee, ihm das Angebot zu machen, sich einfach mal für die nächste Zeit an mich anzulehnen – sich zwischen meine Beine zu setzen und zurückzulehnen. Der Kollege nahm das Angebot an und da wurde ich Zeuge davon, dass ein erfolgreicher Mann mit einer beachtlichen Karriere und finanziellem Erfolg plötzlich sich in diese Nähe, diese Geborgenheit hinein loslassen, diese Ersatz-Vater-Nähe annehmen konnte und sich, wie er mir anschliessend mitteilte, sein riesiges, tiefes Bedürfnis nach Nähe und Wärme ein bisschen „nachnähren" konnte. Er genoss dies sehr. Das war für uns beide „Heteros" in dieser Form recht neu, gerade auch weil wir ja nicht homosexuell waren, und hat mir gezeigt, wie sich dieses Bedürfnis spontan zeigen kann und wie einfach dies zu bewerkstelligen war ...

Hier ist noch zu erwähnen, dass es auch sehr schöne Anwendungen der Berührung an sich selbst gibt – z. B. regelmässiges Eincremen des ganzen Körpers nach dem Duschen oder auch das sich selbst Berührung zu geben, sich selber bei Angstzuständen oder Stress zu streicheln oder zu umarmen – mit und ohne sexuelle Stimulierung. Auf die kombinierte Anwendung von sexueller Stimulation und Berührung im Sinne des Selbstlieberituals bin ich im Kontext des Themas „Sexualität" beim Element Feuer bereits eingegangen.

SEXUALITÄT MIT INTIMITÄT UND BERÜHRUNG

Sexualität wird dann wirklich bedeutungsvoll, tief und reich, wenn die Elemente FEUER und ERDE zusammenspielen. Sex ohne die Qualitäten der Erde – Intimität, Nähe und Berührung – bleibt mechanisch, oberflächlich und ohne viel Bedeutung – oft nur ein sportliches „Ficken"; oder für den Mann, statt zum Orgasmus zu kommen, bleibt es bei einer Ejakulation (was natürlich nicht das Gleiche ist).

Je mehr Elemente mit Sexualität verbunden werden können, umso ganzheitlicher wird sie. Im Idealfall kann z. B. ein Selbstlieberitual alle 5 Elemente beinhalten.

Über die magische und vielschichtige Form der Sexualität mit Intimität, kombiniert mit den anderen Elementen, wollen wir uns dann im Kapitel 13 am Ende des Buches noch unterhalten.

EIN SCHATTEN DER ERDE: „DAS GROUNDING DES MANNES"

Wenn die Schwere des Elementes Erde, die Gravitations- oder Erdanziehungskraft überhandnimmt, die elementaren Kräfte der Erde dominant werden gegenüber den anderen Elementen, dann kann sie für uns wie ein starker Magnet wirken ... klonk ... wenn wir erst mal daran haften, kommen wir nicht mehr so schnell wieder davon los .... Ich meine mit dem „Grounding des Mannes" diese Trägheit, die Depression, der Schmerz und die Trauer, die uns ereilen kann, wenn wir einen Misserfolg oder einen herben Verlust hinnehmen müssen; wenn z. B. die Partnerin, die Familie, das gemeinsame Haus plötzlich weg ist, wenn wir gefeuert wurden, wenn uns Kunden in unserem Geschäft davonlaufen oder wenn wir ernsthaft erkranken ...

Wie damals am 2. Oktober 2001 unsere stolze Fluggesellschaft Swissair wegen Dingen, die aus dem Ruder gelaufen sind, gegroundet wurde, so kann es uns als Männer auch ergehen: Wenn wir z. B. unsere Beziehung zu unserer Partnerin auf Grund unseres „Workoholismus" vernachlässigt haben bzw. unsere Rolle als Partner aus dem Ruder gelaufen ist.

Dann ist da eine bleierne Schwere in uns – in unserem Körper, in unseren Gefühlen, in unseren Gedanken. Sie lässt uns kaum mehr atmen, kaum mehr aufstehen, hängt trüb, schwer und schwarz in unseren Gliedern, Herzen und Köpfen.

Wenn wir allerdings genauer hinschauen und die tiefere Bedeutung des „Grounding des Mannes" verstanden haben, dann wird klar, dass wir uns – in der Sprache unserer Ahnen – gerade in einer **Zeit der Asche** befinden, wo uns ein Feuer (ein Ereignis) verbrannt (von den Füssen genommen) hat und scheinbar alles zerstört wurde.
Einerseits ist jedes „Grounding" eine Tragödie, die uns erschüttert, die uns (ver-)zweifeln lässt, die uns uns hinterfragen lässt und Schmerzen zufügt. Andererseits ist sie aber vor allem eine Chance, ein Moment der Veränderung, wo etwas Neues auf uns wartet ...
Denn das Schöne ist: Wenn wir uns dann mal die Asche über unser Haupt gestreut haben, und dann ... irgendwann ... eine Regenfront über uns weggezogen ist (Element Wasser = unsere Emotionen sein durften, der Schmerz, die Scham, die Traurigkeit ...), dann wächst ganz spontan das Neue aus diesem „Nichts" heraus, die Asche wurde zum Dünger für neues Leben, der Himmel reisst plötzlich auf und die Sonne scheint uns ins Gesicht. Im Buch unseres Lebens wird gerade umgeblättert, ein neues Kapitel mit neuen Abenteuern, Herausforderungen und neuem Glück wird aufgeschlagen. Dann wird die Erde fruchtbar, unser neuer Lebensabschnitt wächst aus ihr hervor und unsere Reise, unser Leben geht weiter ... Phönix erhebt sich aus der Asche!

Und dann, Männer, ja dann sollten wir ganz grundsätzlich füreinander da sein, sollten gerade auch die erfahrenen, älteren, reiferen Männer für die Jüngeren da sein. Das Beste, was einem Kerl passieren kann, dem es „dreckig" geht, ist, dass dann andere Männer bei und mit ihm sind (und nicht so sehr die Frauen, die uns dann so stark an unsere Mütter erinnern ...), ihm still und mit ihrer Präsenz beistehen. Und sobald die Trauer, der Frust, die Scham („die Regenfront" des Elementes Wasser) vorbei sind, dann sollten wir dem gegroundeten Männerkollegen den herben, nährenden Duft der frischen Erde, der Scholle auf dem Acker, den Duft des frischen Mooses unter einer Tanne ... unter seine Nase halten, ihn diesen tief einatmen lassen, ihn durch diesen erquicken und durch die Zeit der Asche helfen.

Eigentlich ist es sogar von grösster Bedeutung, dass wir in unserer Entwicklung als Männer solche Groundings erleben, durchleben, diese Erfahrung unseres Schattens mit Haut und Haaren machen können. Dabei geht es nicht nur darum, „dass alles, was uns nicht umbringt, uns stärker macht", sondern es ist die Erfahrung, dass in uns ein grosses Potenzial an Veränderung, an Wachstum und Reifung ruht ... dass eine Kraft in uns ist, die uns immer wieder aufstehen lässt, aufstehen zu unserer vollen Grösse, ja wahrscheinlich sogar ein bisschen grösser als vorher ... siehe auch Übung 1 zu Beginn dieses Kapitels ...

SCHATTENARBEIT ERDE 2: SCHAM UND BESCHÄMUNG

Wie schon in der Einleitung erwähnt ist die Scham einer unserer stärksten Schatten, eines der am stärksten tabuisierten Themen im Mann-sein schlechthin. Scham ist zu einem überwiegenden Teil in meinem Körpergefühl, also wiederum vegetativ spürbar und darum zum Element ERDE gehörig.

Für mich – der ich Scham in meiner Biografie sehr intensiv erlebt habe und bis zum heutigen Tag noch erlebe – ist sie eine lähmende, schmerzhafte, betäubende Empfindung, die ganz tief in meinem Körper steckt. Wenn ich in eine Situation gerate, wo ich Scham empfinde oder beschämt werde, dann fühlt sich das an, als ob mein Körper innert Sekunden auf einen Bruchteil seiner Grösse zusammenschrumpft zu einem Häufchen Elend.
Erlebte Scham, vor allem in einem existenziellen Rahmen wie z. B. bei Vernachlässigung und gewalttätigen oder sexuellen Übergriffen im Kleinkindesalter, wird im Körper gespeichert, steckt sozusagen in unseren Knochen. Wie die Angst, so steckt auch die Scham durch unsere Sinnesorgane vermittelt „in unseren Knochen", aber auch überall in unserem vegetativen Nervensystem (physisch-sensorisch). Was wir bis in die Knochen spüren, sitzt sehr tief und sehr fest in uns. Natürlich gibt es dabei auch noch eine gefühlsmässige und eine geistige Komponente; mir scheint aber die körperlich-sensorische

Ebene diejenige zu sein, die uns am stärksten betrifft und unser Leben massiv einschränken kann.
Starke, kumulierte und existenzielle Scham beraubt uns der Berechtigung, überhaupt existieren zu können, zu dürfen. Sie stellt uns grundsätzlich in Frage, nimmt uns jegliche Kompetenz weg und lässt uns „in der Erde versinken". Scham verletzt unsere körperliche Integrität.

Schliesslich gibt es auch eine durchaus positive Form der Scham, die uns normalerweise daran hindert, z. B. auf andere Menschen, speziell Kinder, Übergriffe zu verüben.
Sich integer fühlen in seinem Körper heisst, sich darin vegetativ wohl, sicher, unversehrt, intakt und beschützt fühlen. Mit anderen Worten: Wenn unsere körperliche Integrität verletzt wird und wir nicht in der Lage sind, uns zu verteidigen (Kleinkinder oder Kinder, die von ihren Eltern abhängig sind), dann löst dies in uns existenzielle, negative Scham aus. Hier haben sämtliche Ereignisse einen fatalen Effekt, die heute unter dem Namen **ACE = Adverse Childhood Experience** oder nachteilige Kindheitserfahrungen (siehe auch WHO) zusammengefasst werden. Dazu gehören z. B. körperliche und emotionale Vernachlässigung und körperliche und sexuelle Übergriffe im Kindesalter.

ÜBUNG 10:
Wann hast du dich das letzte Mal geschämt?
Gibt es Menschen in deinem jetzigen Leben, die dich regelmässig beschämen und damit zu manipulieren versuchen?
Oder war Scham auch bereits ein Gefühl, das du als Kind oder Jugendlicher erlebtest?

....

....

Vertraue alles als Erstes deinem geschützten Tagebuch an!

Es lohnt sich hier einen Moment innezuhalten und diesem Thema Raum zu geben! Scham hat manchmal soviel Kraft im Leben eines Mannes, dass es gut ist, wenn er sie mit seinem Coach oder Therapeuten anschauen.

10. Kapitel: Das Element WASSER = der humorvolle, herzoffene, emotionale, fürsorgliche, flexible Mann

Als Nächstes kommen wir zum Element WASSER. Wenn wir Wasser als Fluss oder in einem Bach fliessen sehen, dann sehen wir seine ursprüngliche Lebendigkeit, die Flexibilität und die Kraft, die darin enthalten ist. Als See fügt sich, schmiegt sich das Wasser einfach dem Untergrund an, den es aber auch zu formen und zu verändern versteht. Und das Wasser lässt die Kalahari-Wüste in Botswana im südlichen Afrika, wenn der Okavangofluss das Okavangodelta zwei Mal jährlich überflutet, im Nu grün, üppig und fruchtbar werden. Die Flüssigkeit, unser Lebenssaft, das Blut und die Lymphe sind essenzielle Bestandteile unseres Körpers – die Bäche und Flüsse in uns.

Es ist die Kraft, dass „stetiger Tropfen den Stein höhlt", dass die Bewegung des kleineren Steins in der Gletschermühle auf den grossen Stein eine Wirkung hat und Spuren hinterlässt. Jedoch ist auch die zerstörerische Kraft des Wassers im Unwetter, in den Überschwemmungen, im Erdrutsch und im Tsunami darin enthalten.

Im Kapitel Element WASSER findest du die Themen: Emotionaliät, herber Männerhumor, gefühlsmässige Fürsorglichkeit, Psychohygiene und ganz im Speziellen auch die emotionale Intelligenz bzw. Herzöffnung.

EMOTIONEN, GEFÜHLE AUSDRÜCKEN - EMOTIONALE INTELLIGENZ

Zum WASSER gehören unsere Emotionen, die bei den meisten von uns die Bandbreite von Gelöstheit, Fürsorglichkeit, Humor und Liebe bis hin zu Wut, Scham, Eifersucht, Neid, Frustration und Depression haben können.
Das Thema „Gefühle" ist nicht gerade eine der natürlichen Kernkompetenzen von uns Männern. Wir fühlen sie zwar – je nachdem, wie stark und erfolgreich wir sie verdrängt haben – jedoch sind wir oft im Umgang mit ihnen hölzern, einsilbig, unsicher und hilflos. Wenn wir zu gefühlvoll sind, dann werden wir von unseren Mitmenschen und speziell Mit-Männern als Molluske wahr-genommen; wenn wir hart und gefühlsarm sind wie John Wayne, dann tappen wir in die Falle, emotional zu verhungern.

Als Männer haben wir im Kontext der integralen Sichtweise der **multiplen Intelligenzen** auch die Aufgabe der Entwicklung (neben z. B. der kognitiven, moralischen, ästhetischen oder Werte-Intelligenz) unserer emotionalen Intelligenz[8/34] und das bedeutet in der Übersicht [36]: unsere eigenen Emotionen zu kennen, sie beeinflussen zu lernen, sie für das Erreichen eines Ziels in die Tat umzusetzen, sie als Empathie und der Umgang mit ihnen in Beziehungen anzuwenden ...

Oh, Mann, da haben wir noch etwas vor uns! Aber auch hier wollen wir mit einem bekannten, sicher auch männlich geprägten Sprichwort aus dem Bündner-Schweizerdeutschen uns aufmachen, nicht nur über etwas zu sprechen, sondern auch aktiv zu werden – „mee lifara, als lafara" –oder mehr liefern, statt labern. Dabei werden wir dieses

Sprichwort weiterentwickeln und neu interpretieren: Wir werden in diesem Kapitel einerseits ein paar Tools zusammen entdecken, mit denen wir „liefern" können; allerdings werden wir andererseits auch Formen des „Laberns" kennenlernen, die uns gut tun – und uns also in diesem Sinn auch beim Labern bemühen zu liefern. Okay?
Hier haben viele von uns sicherlich noch „viel Luft nach oben" und wir brauchen dann Orte und Gelegenheiten, wo wir den Umgang mit unseren Gefühlen trainieren (tönt für Männer besser als üben, oder?) können.

DER HERB-MÄNNLICHER UMGANG UND HUMOR

Wo Männer ihre herben, liebevollen Emotionen relativ gut untereinander leben können, geht es um die berühmt-berüchtigte Seite der Männer, die ziemlich derb, rau, handfest und humorvoll ist.
Bei gut bekannten Männern, die sich treffen, kann die Begrüssung auch mal so ausfallen: „Hallo, Markus, du Pfeife, was hängst denn du hier in der Gegend rum, hast du nichts Gescheiteres zu tun! War offensichtlich nicht zu verhindern, dass ich dir heute begegne!" Dann der andere: „Oh, nein, der Thomas, muss das sein, das ist wirklich das Letzte, jetzt auch noch deine Visage mit diesem blöden Grinsen ansehen zu müssen, als ob ich mich heute nicht schon genug geärgert hätte mit meine Chef, der mit heute so richtig auf den Sack ging …!" Dabei grinsen beide, freuen sich sehr, einander zu sehen und nehmen sich kurz in die Arme und drücken sich deftig. Zum vollen Programm können auch noch ein paar liebevoll-derbe Schläge auf die Schultern oder Rempler gehören.

Hierzu gibt es diese herrliche Szene im Film **„Gran Tourino"** von **Clint Eastwood**, wo dieser als polnisch-stämmiger Walt Kowalski seinen guten Freund, den (italienischstämmigen) Coiffeur Martin besucht. Mit dabei hat er einen asiatisch-stämmigen jungen Mann, aus dem er „versucht, einen Mann zu machen" in dem er ihm Anschauungsunterricht liefert, wie sich „zwei richtige Kerle unterhalten":

> Martin: *„Das passt ja, ein Polacke und ein Schlitzauge!"*

> *Walt: „Hallo Martin, du bescheuerter, italienischer Wichser!"*
> *Martin: „Walt, du schmieriger Geizhals, musst du jetzt antanzen, ich hatte gerade einen ganz schönen Tag?"*
> *Walt: „Wieso? Hast du einem armen Blinden sein Geld abgeluchst, du alter Jude, und ihm falsch rausgegeben!"* ...

Was dann folgt ist ein Life-Coaching durch die beiden Männer, eine Lektion für den jungen Mann, wie Männer sich unterhalten. Wirklich sehenswert!
So eine Unterhaltung funktioniert nur zwischen sehr gut bekannten Männern, denn sie benötigt Vertrauen, gegenseitigen Respekt und Offenheit. Diese Männer mögen sich sehr und bringen das so mit ihrem deftigen Humor zum Ausdruck.
Hier erleben wir einen gelebten Teil des wilden Mannes, wo Humor (Element WASSER) auf Wut (Element FEUER) trifft.

Oft erleben wir hier aber auch Männer, z. B. am Stammtisch, wo dieser Aspekt männlicher Emotionalität dann ins Negative überkippt und wo dann das derbe, „herb-männliche" Gespräch untereinander dafür benutzt wird, Frustationen, Aggressionen, Sexismus und Antisemitismus o. ä. auszudrücken. Diese Form der „Selbsthilfegruppe" wird dann schnell primitiv, ist jedoch oft Ausdruck von individuellen und auch kollektiven Verletzungen einer nicht ergründeten, unheilsamen, nicht reflektierten, unreifen Männlichkeit.

UNSEREN WEIBLICHEN TEIL ENTDECKEN

Wenn ich in diesem Kapitel im Weiteren von Fürsorge spreche, dann ist es die vegetative und emotionale Fürsorge, die in der Praxis nicht zu trennen ist. In den weicheren Formen der Selbstfürsorge oder Fürsorge für andere begegnen wir Männer unserem weiblichen Anteil. Schon **C.G. Jung** hat auf die Bedeutung der **Anima** im Mann (und des Animus in der Frau) hingewiesen; also gibt es diesen weiblichen Anteil – die Anima – in uns, den wir einerseits im liebevollen Umgang mit uns selbst, aber auch als Fürsorge gegen aussen, z. B.

als Partner in einer Beziehung, als Vater unserer Kinder oder Chef mit unseren Azubis leben sollen.

Bildlich dargestellt ist dies auch sehr schön im uns allen bekannten Symbol von Yin und Yang aus der ursprünglichen, chinesischen Philosophie.

Da sehen wir die Polaritäten des Männlichen (weiss) und des Weiblichen (schwarz) mit dem jeweils darin enthaltenen gegen-geschlechtlichen Anteil dargestellt. So ist der allergrösste Anteil der sog. eher weicheren Selbstfürsorge und Fürsorge für andere bei uns Männern diesem weiblichen Anteil in uns zuzuschreiben, den wir in dieser Form anerkennen, annehmen, anwenden und integrieren wollen.

UNSERE SANFTE, GEFÜHLVOLLE SEITE ENTDECKEN

Nachdem wir Männer unsere ursprünglichen, klaren Rollen als Jäger und Sammler, als Krieger, Beschützer und als Patriarchen langsam, aber sicher los sind, drängt es sich auf, auf dem Weg zum Auffinden einer neuen, männlichen Identität, uns auch als gefühlvolle, liebevolle und sanfte Wesen neu zu entdecken.

Das Bild des Vaters mit seinem Kind, diese Verschmelzung, diese Zärtlichkeit, diese Hingabe ist etwas, was mich tief berührt. Ich hatte keinen Vater, der diese Nähe zu mir leben konnte, und da ist bis heute eine Wunde, ein Schmerz in mir, weil etwas (vegetativ und emotional) in mir noch heute als Sohn auf die gelebte, gefühlte Liebe meines Vaters wartet.

Bei einem Spaziergang vor ein paar Jahren mit meinem damals 85-jährigen Vater war es mir ein Anliegen, mit ihm nochmals über diese Thematik zu sprechen; dieses Treffen hatte sich für mich aufgedrängt, weil ich bei der Vorbereitung eines Männer-Kursabends, den ich mit meinem Kollegen anleitete, mit dem Thema „Mit dem Vater ins Reine kommen" wieder damit konfrontiert war.

Er hatte, wie viele Väter in meiner Generation, in der Rolle als Ernährer die Erziehung und den nahen Umgang mit seinen Kindern bzw. Söhnen praktisch komplett an die Mutter delegiert, was meine Eltern als Teil eines stimmigen Arrangements betrachtet hatten. Und mein Vater und ich kamen auch an den Punkt, wo wir erkannten, dass gelebte Nähe, Zärtlichkeit, Körperkontakt (vegetativ) und das Gespräch über Gefühle (emotional) schon sein Vater zu ihm nicht bestimmt gelebt hatte und diese Zurückhaltung und Armut offensichtlich auch Teil unserer Männerkultur hier in der Deutschschweiz ist.

In anderen Kulturen, wie z. B. in Indien oder Südamerika, ist der Körperkontakt von Männern untereinander, aber auch zu ihren Kindern nicht so tabuisiert und viel offener und entspannter. Ob dann der südamerikanische Macho allerdings offen über seine Gefühle spricht, wage ich zu bezweifeln. Die Angst, als Homosexueller zu gelten, wenn Männer sich bei uns öffentlich umarmen, ist an vielen Orten immer noch gross, mit viel Scham verbunden. Für viele unter uns ist Weichheit, Fürsorglichkeit und das Ausdrücken von Emotionen nichts „für wahre Männer".

Abgesehen davon ist die körperliche und gefühlsmässige Nähe von Vätern zu ihren Kindern heute noch mit dem in unserer in diesem Kontext unreifen und verzerrten Geschlechterkultur verankerten Unsicherheit und Problematik des sexuellen Übergriffs belastet – du erinnerst dich an die Themen in den Kapiteln „Gewalt" und „Sexualität": Jeder Mann ist ein potenzieller Vergewaltiger und Kinderschänder, der Mann ist immer der Täter und die Kinder und Frauen immer die Opfer ... kompletter Schwachsinn! Gerade diese kulturelle Unsicherheit und Vorverurteilung dürfte es uns Männern nicht erleichtern, diesen liebevollen, zärtlichen und gefühlvollen Teil in uns zu leben.

Ja, wir Männer haben beim „Zurechtrücken" dieser Unkultur in einer aktiven, ganzheitlichen Männerarbeit an uns selbst, aber auch an uns als Männerkollektiv einen gewichtigen Beitrag zu leisten; und, sobald wir unsere Hausaufgaben angepackt haben, dies auch in einer kraftvollen, beispielgebenden neuen Männeridentität und Männerpolitik in unsere Gesellschaft einzubringen. Dabei wollen wir, nachdem wir für unseren Anteil an der Thematik die Verantwortung übernommen haben, dann auch – bei Beibehaltung dieses sanften, gefühlvollen Teils in uns – entschieden und feurig dem in diesem Thema vorurteilsbehafteten, anderen 50%-Anteil der Frauen entgegentreten und deren Mitverantwortung einfordern.

GEFÜHLSMÄSSIGE SELBSTFÜRSORGE - FÜRSORGLICHKEIT FÜR ANDERE

Bei gelebter Fürsorglichkeit als Mann ist überhaupt nichts falsch oder besser gesagt:

> Wir werden erst wirklich zu gesunden Männern, wenn es uns gelingt, diesen Teil in uns am richtigen Ort zu entfalten und zu leben – vegetativ/körperbezogen und emotional.

Fürsorglichkeit ist natürlich und hoffentlich als Komponente in unseren intimen Beziehungen zu unseren Partnerinnen ein Thema und, wie schon angetönt, auch als Väter zu unseren Kindern.

Durch die grundlegende Verunsicherung des heutigen westlichen Mannes in der Frage, was es heisst, heute ein Mann zu sein, ist gerade auch Emotionalität in der Beziehung bzw. Familie ein Ort von Unsicherheit, von potenziellen Verletzungen und auch von Rückzug hinter schützende Mauern, z. B. des Schweigens, geworden …

Ganz im Speziellen gilt nun die Selbst-Fürsorge – vegetativ und emotional – für **hochsensible Männer**, die an vielen Orten schon als Kleinkinder, Jungendliche und dann als Erwachsene als „Warmduscher" und „Mollusken" gehänselt, gemobbt und ausgegrenzt werden. Dies führt dazu, dass sie unter extremen Anstrengungen versuchen, sich von klein auf zu verstellen, sich nichts anmerken zu lassen und sich zu einem Leben zu zwingen, das von aussen möglichst wie das von einem sog. „Normalen" aussieht; dies mit oft erheblichen gesundheitlichen Konsequenzen unter Verleugnung dieses eigentlich so natürlichen Charaktermerkmals.

Wie wir schon gehört bzw. gelesen haben, haben Hochsensible (Männer und Frauen) angeboren ein sehr viel sensibleres Nervensystem beispielsweise in der sog. Sensorik, wo es um die Sinnesorgane geht – z. B. hochgradige Lärmempfindlichkeit – oder auch emotional und mental. Die hochsensiblen Männer unter uns sind sehr schnell „zugedröhnt" durch die grosse Flut an Sinnes-eindrücken (Überstimulierung) und haben daher ein grosses Bedürfnis nach Ruhe und nach Pausen. Die Ruhe und die Unterbrechungen während irgendwelcher Tätigkeiten dienen ihnen dazu, sich vegetativ, emotional und mental zu erholen und die grossen Inputs an Eindrücken zu verarbeiten.

Hochsensible Männer haben einen sehr viel stärkeren, ursprünglicheren und natürlicheren Zugang zur Selbstfürsorge, voraus-gesetzt, sie wurden von zu Hause aus darin gefördert und unterstützt; dies führt sogar dazu, dass Hochsensible, die so aufwachsen durften, wissenschaftlichen Untersuchungen zufolge sogar sehr gut mit unseren heutigen Lebensformen umgehen können. Dieser Zugang zur Fürsorglichkeit gilt auch für diejenigen Männer, die ihre Hochsensibilität im Verlauf ihres Lebens erkannt, angenommen und ihr Leben demzufolge umgestellt haben.

So können nun hier die sog. „Normal-Sensiblen" im Bereich der Fürsorglichkeit von den „Hochsensiblen" lernen.

In Abgrenzung zum anschliessenden Thema ist es sehr wichtig, an dieser Stelle noch einmal zum Ausdruck zu bringen, dass Hochsensibilität physiologisch, natürlich ist – demgegenüber geht es um eine krankhafte Problematik, wenn wir von Traumatisierungen sprechen. Die Kombination aus Hochsensibilität und traumatischen Erlebnissen ist dann noch einmal ein weiteres Thema.

DAS INNERE KIND

Eine der eindrücklichsten und auch schwierigsten inneren Reisen als Mensch und als Mann in die Fürsorglichkeit ist diejenige zu uns selbst und im Speziellen zu unserem „inneren Kind". Da gibt es einerseits diese lapidare, häufig eher abwertende und immer wieder gehörte Ansicht, dass „das Kind im Manne" durchbricht – und da ist wirklich etwas tiefgründig Wahres daran!
Denn auf der anderen Seite verwendet die moderne Psychotherapie in ganz verschiedenen Methoden die Arbeit mit „dem inneren Kind" als wichtige, ja manchmal zentrale Komponente. Dabei gibt es den Begriff des „verletzten inneren Kindes" und damit ist gemeint, dass viele von uns in unserer Kindheit entweder traumatisiert und/oder durch unser familiär-kulturelles Umfeld massiv konditioniert und zurechtgestutzt wurden. So bildet sich als Reaktion auf eine frühkindliche Verletzung in uns quasi eine Gegeninstanz, die Konditionierung. Diese Anpassung an unser damaliges Umfeld, die wir zu einem Teil von unseren Eltern aktiv eingedrillt bekamen oder durch aktive Beobachtung von ihnen lernten, diente damals im krassesten Fall unserem Überleben bzw. unserer Integration in eine Umgebung und Familie, von der wir total abhängig waren. Dies gilt ganz im Speziellen für uns Männer, die z. T. noch mit militärischem Drill zu Männern gemacht werden – ehrgeizig, erfolgreich, willens-stark, hart im Nehmen, emotionslos – „ein Indianer kennt keinen Schmerz" ...

In der „Inneres-Kind-Arbeit" gehen wir davon aus – und viele Untersuchungen bestätigen das – dass wir bei unserer Geburt als Wesen auf die Welt kommen, dem noch sein ganzes, ursprüngliches Potenzial, seine ganze Lebensfreude und -kraft und seine ganze Kreativität zur Verfügung steht. Bei der Inneren-Kind-Arbeit geht es darum, einerseits das verletzte Kind in uns anzuerkennen, es „in Sicherheit zu bringen" und zu heilen – fürsorglicher Vater für unser Kind in uns zu werden – jedoch andererseits natürlich v. a. auch darum, das ursprüngliche Kind mit seinem einzigartigen Potenzial in uns wieder zu entdecken bzw. freizulegen. Und auch in diesem Kontext treffen wir dann wieder auf das eingangs erwähnte „Kind im Manne", diesmal mit einer ganz anderen Bedeutung!

Als Folge von solchen kindlichen Verletzungen und Konditionierungen bilden viele von uns irgendwelche Suchtverhalten aus: Arbeitssucht, Sexsucht, Esssucht, Alkoholismus, Rauchen etc.

Dabei ist klar: Wer wirkliche Fürsorge als Mann für andere, für seine Kinder, seine Frau, für auszubildende Lehrlinge, für andere Menschen etc. leben möchte, kommt an der Fürsorge für sich selber und für sein inneres Kind nicht herum. Darum gehört es obligatorisch dazu, dass in der ganzheitlichen Männerarbeit, wenn es darum geht, eine wirkliche Reifung von uns Männern zu erreichen, auch die tiefe und aufrichtige Fürsorge für uns selber, samt unseren inneren Anteilen, entdeckt und erlernt werden soll. Auch dies ist ein starkes Thema für ein Coaching.

EMOTIONALE ABNABELUNG

Bist schon emotional abgenabelt?
Hast du deine emotionale Nabelschnur zu deiner Mutter schon gekappt?
Bist du in diesem Sinne schon sozusagen „unplugged"?

Dies ist neben der rein physischen Komponente, die doch schon eine Weile her sein dürfte, auch eine emotionale Geschichte.

Es ist selbstverständlich voll in Ordnung, dass du im Mutterleib und als Kleinkind und Kind das volle Programm von mütterlicher Fürsorge bekommen hast. Ja, ich hoffe für dich sogar inständig, dass das der Fall war, dass du damals so richtig „auf deine Kosten gekommen bist", genährt wurdest und dich gerade auch gefühlsmässig aufgehoben, in Sicherheit, um- und versorgt gefühlt hast. Erfreulicherweise könnten da ja auch schon erste Erlebnisse von gelebter Väterlichkeit dabei gewesen sein – nicht nur Prügel oder kumpelhaftes Schulterklopfen – sondern Wärme und sanfte Berührung!

Hier sind wir aber an dem Punkt angelangt, wo es von grosser Bedeutung ist, sich von der mütterlichen Umsorgung loszusagen, loszureissen – eben die sprichwörtliche Nabelschnur wirklich ganz bewusst zu durchtrennen. Als abschreckendes Beispiel hatten wir ja bereits im Kapitel „ERDE" die Extremvariante des „Hotel-Mama-Syndroms" angeschaut, wo junge Männer immer noch zu Hause bei Mutti wohnen ...

Diese Abnabelung ist – meine Herren – eine wichtige Aufgabe für **den Vater** oder auch mit diesem zusammen für den Onkel, Mentor, Paten, Jugendgruppenleiter oder Sporttrainer!

> Ein Mann kann nur gefühlsmässig als Mann gesund sein, wenn er sich selbst und/oder dank seines Vaters von der Mutter abnabeln konnte.

Dafür braucht es auch die Adoleszenz, die stürmischen, männlichen Teenager-Jahre, wo wir unter gewissen Grenzsetzungen der Eltern beim Reissausnehmen gelassen werden und dabei idealerweise mehr oder weniger unsichtbar vom Vater oder beiden Eltern „gemonitort" werden; so können sie, falls sie dabei „auf Grund laufen" mal von diesen aufgefangen, aufgegriffen und heimgeholt werden – z. B. ölverschmiert und mit lädierten Hosen, wenn sich beim jungen Sohnemann als „Töffli-Buben" das Moped nach der Passfahrt am Comersee verabschiedet ...

Oder bei jungen Männern kann es der Militär- oder Zivildienst, die Weltreise, der Auslandaufenthalt, die Lehre auswärts, der Besuch einer Hochschule oder Uni auswärts o. ä. sein. Es geht in diesem Zusammenhang um die entwicklungsbedingt sinnvolle Variante des absichtlich „verlorenen Sohnes", der dann – auch darum – ins Mannsein initiiert irgendwann wieder heimfindet ...

Wie weit ist es mit deiner emotionalen Autonomie schon her?

Wie weit bist du als Mann schon weg von der doch ausgeprägten und immer wieder erschreckenden, absoluten, emotionalen Deutungshochheit deiner Mutter, deiner früheren weiblichen Lehrerin, deiner Frau oder Partnerin, deiner Tante oder Grossmutter?

ÜBUNG 11:
Schau dass du nun für ca. 30 Minuten Zeit hast, ohne gestört zu werden. Organisiere dir ein Foto deiner Mutter oder wenn du hast, sogar mehrere Fotos von früher und heute. Schau sie dir lange an und nimmt Kontakt auf mit ihr. Atme dabei tief in deinen Bauchnabel! Was für Gefühle sind noch heute da?
Spürst du da an deinem „Nabel" noch eine gewisse „Aktivität"?

Wieder eine Gelegenheit, diese unter Umständen peinlichen Gefühle und Tatsachen deinem Tagebuch anzuvertrauen und/oder sie vielleicht sogar in ein Coaching zu tragen ...!

Hier braucht es die Kraft des wilden Mannes, des Elementes FEUER, um diesen Schnitt zu tun oder um den letzten Faden abzureissen – so wie z. B. früher beim Zahnen, wenn der Milchzahn schon locker war und mit einem herzhaften Zupf die letzte Verbindung am Zahnfleisch durchtrennt werden musste. Autsch, tat weh, war aber befreiend! Der Schmerz, der dabei entsteht, ist für dich wesentlich, weil er dafür sorgt, dass ungute, unfreie oder manipulierende Anteile deiner Beziehung zu deiner Mutter durchtrennt werden und du damit wirklich auch gefühlsmässig autonomer freigesetzt wirst.

Die Abnabelung hat natürlich nichts damit zu tun, den Kontakt zu seiner Mutter mutwillig komplett abzubrechen. Es kann allerdings in gewissen Situationen notwendig sein, den Kontakt zu ihr und auch zum Vater vorübergehend ganz zu trennen. Jedoch wird der Kontakt zu deinen Eltern – Vater und Mutter – für dich immer wichtig sein, denn du bist der „Flugsamen", der an diesen blühenden zwei Bäumen gewachsen ist, um dann vom Wind losgerissen zu werden und

so seinen eigenen Platz finden zu können. Es ist sehr wichtig und gut als Mann, eine für dich stimmige Form des Kontaktes zu deinen Eltern herzustellen – höre dabei auf dein Herz!
Übrigens: Der Kontakt zu deinem Vater kann auch eine für dich essenzielle Bedeutung als Verbindung zu deiner männlichen Ahnenlinie haben ...

MANN, ÖFFNE DEIN HERZ

Was für mich die ganz grossen Männer unserer Zeit auszeichnet, ist die Kombination zwischen den beiden Herzaspekten – Hitze/Wut/Mut und Licht/Charisma/Ausstrahlung – die also beide Formen, die harte und die weiche Liebe leben.
Die uns geläufigen Beispiele von aussergewöhnlichen männlichen Vorbildern sind z. B.: **Mahatma Gandhi,** der **Dalai Lama Tenzin Gyatso** und **Nelson Mandela**. Alle drei Männer zeichnen sich durch ihren grossen Mut, ihre Stärke, ihre Lebenskraft und **ihr grosses Herz** aus; diese Meisterschaft der Herzqualitäten hat sie zu äusserst einflussreichen, charismatischen Führungspersönlichkeiten dieser Welt gemacht, sie haben unsere Zeit geprägt und tun dies immer noch.
Für mich persönlich ist die Geschichte von Nelson Mandela in diesem Zusammenhang eine der eindrücklichsten. Die 26 Jahre im Ge-

fängnis hat er u. a. dafür verwendet, die Kultur und die Sprache der weissen Landsleute zu studieren und sich anzueignen. Während dieser Zeit war er eingesperrt, musste harte Zwangsarbeit verrichten, wurde schikaniert und gefoltert.
Er war im buchstäblichen Sinne des Wortes nicht nur nicht unterzukriegen, sondern er hat diese Zeit genutzt, um reifer zu werden, sich weiterzubilden und sein Herz für alle Bevölkerungsteile des damaligen Südafrikas zu öffnen – man(n) stelle sich das einmal vor!
Das zu hören und zu lesen – ich habe seine Autobiografie als Hörbuch gehört – lässt bei mir spontan das Herz aufgehen, inspiriert mich zutiefst!

Sich den tieferen Anteilen deines Herzens zuzuwenden, heisst – neben der Fähigkeit, Mitgefühl und Liebe zu empfinden – deine ganz eigene Herzens-Inspiration zu finden:

Was oder wer lässt dein Herz spontan aufgehen?
Was oder wer weckt die Kraft der Inspiration in deinem Herzen?
Hast du schon gelernt, mit deinem Herzen zu gehen?

Ein zentraler Moment in der Entwicklung hin zum „Ganz-und-gar-Mann-sein", zu einem kompletten und reifen Mann ist, dass du lernst, dein Herz zu öffnen, mit deinem Herz zu denken, zu sehen, zu atmen, zu fühlen, zu handeln …!

Beim Element WASSER geht es also für uns Männer um die Entwicklung von emotionaler Intelligenz, denn ohne eine grosse, gefühlsmässige Intelligenz fehlt sozusagen die Mitte eines Mannes.

DAS EMOTIONALE INTELLIGENZ-TRAINING MIT HILFE VON HIGH TECH

Für die Arbeit mit deiner emotionalen Intelligenz steht dir z. B. mit **Heartmath**[26] ein hochmodernes, wissenschaftlich fundiertes System zur Verfügung. Ich finde diese Hightech-Anwendung gerade auch für uns Männer sehr geeignet, weil es uns mit einer technisch unter-

stützen Komponente den Einstieg in diese doch sehr viel weniger „greifbare" Thematik ermöglicht.
Die Beschäftigung mit den Hearthmath-Tools kannst du natürlich nun wie ein Spiel, ein bisschen Lifestyle, wie ein Bierchen trinken, gut abhängen und entspannen benutzen. Es kann aber auch sehr viel mehr sein als das – ein Training, wo du dir Techniken der sog. Herzintelligenz aneignen kannst, die diverse aktive, positive Effekte auf dich, dein Leben und deine Umgebung haben. Auf der Homepage von Heartmath lesen wir hierzu in Englisch:

> *"Dare to connect with your heart. You will be lifting not only yourself and those you love and care about, but also the world in which you live."*
> *„Wagen Sie es, sich mit Ihrem Herzen zu verbinden. Sie werden nicht nur sich selbst und die Menschen, die Sie lieben und um die Sie sich kümmern, mit anheben, sondern auch die Welt, in der Sie leben."*

Im Weiteren gebe ich dir einfach ein paar Informationen zu diesem faszinierenden Programm und den Anwendungen. Mit der ganzen Heartmath-Technologie, die weltweit verbreitet ist, ist sehr viel Wissen und Erfahrung verbunden, die ich hier in meinem Buch nicht einbringen kann und will. Darum zitiere ich dir einfach ein paar gute Quellen [38] aus dem Internet als Input:

> *„Um die Herzintelligenz zu aktivieren, können Sie ein einfaches, leicht erlernbares Fünf-Schritte-Programm anwenden: Konzentrieren Sie sich in einer stressbeladenen Situation auf die Herzgegend. Denken Sie dann an ein angenehmes Erlebnis oder an einen Ort, an dem Sie sich ganz bei sich selbst gefühlt haben. Nehmen Sie das positive Gefühl wahr und bleiben Sie dabei, bis die intuitive Antwort auf die stressbeladene Situation in Ihnen auftaucht. Die Anwendung der Herzintelligenz-Methode ...*
> - *baut Angst, Sorgen und anderen Stress ab*
> - *hilft bei Schlaflosigkeit und Erschöpfung*
> - *senkt Bluthochdruck*

- *stabilisiert den Herzrhythmus*
- *ermöglicht angemessene Entscheidungsfindung*
- *steigert Kreativität und persönliche Produktivität*
- *verbessert die Kommunikation."*

Wissenschaftliche Untersuchungen weisen die positiven Ergebnisse der HerzIntelligenz-Techniken nach und wurden international in medizinischen Fachzeitschriften veröffentlicht. [37]

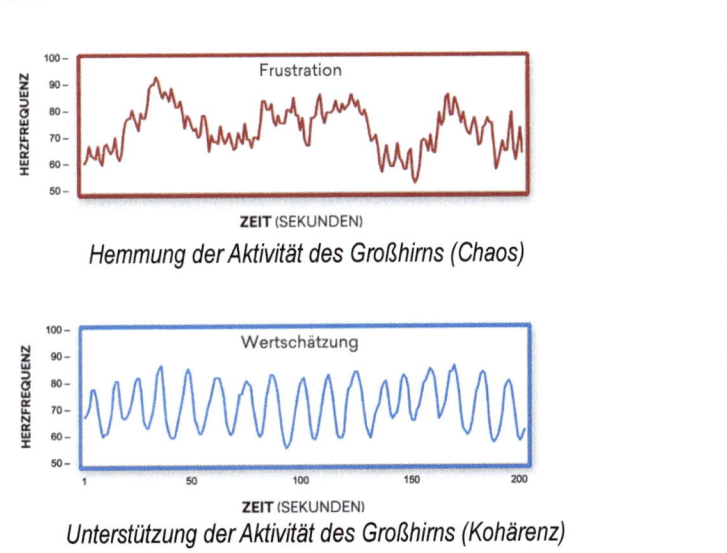

Hemmung der Aktivität des Großhirns (Chaos)

Unterstützung der Aktivität des Großhirns (Kohärenz)

Die einfachste und niederschwelligste Anwendung von Heartmath ist der Download der App „Inner Balance" auf dein Smartphone und das Besorgen des Sensors, entweder als Inner Balance Bluetooth Sensor (Android und iOS) oder die Kabelversion mit Lightning-Stecker für Apple-Geräte. Bitte mache dich dann mit dem Basis-Know-how der Anwendung auf der App vertraut.

Du kannst die folgende Übung, die ich sehr effektvoll finde, für dich allein oder dann in Kombination mit der App anwenden:

> **ÜBUNG 12: Herzöffnungsübung gemäss Heartmath[26]**
>
> - Die Achtsamkeit auf das Herz, die Herzregion lenken
> - Leichte Berührung der Herzregion auf dem Brustbein mit 2 Fingern oder der Handfläche oder buddhistische Grusshaltung der Hände
> - Leicht vertiefte Atmung 5 x ein 5 x aus
> - Ein- und Ausatmen durch das Herz
> - Eine Verbindung herstellen mit einem Ereignis und Gefühlen wie Anerkennung, Grosszügigkeit, Fürsorge, Mitgefühl, Liebe (nur wenn es den Effekt hat)
> - 3 Minuten reichen für einen guten Effekt
>
> Spürst du die Wärme in deiner Herzgegend?
> Siehst du, wie sich die Messwerte auf der App verändern, wenn sie sich in sog. hoher Kohärenz befinden?
> Bei welchen Ereignissen in deiner Biografie hast du die stärksten Effekte?

Falls du dich damit beschäftigen willst – was ich dir sehr empfehle – wirst du einiges im Zusammenhang mit deiner emotionalen Intelligenz oder Herzintelligenz lernen.

Bitte lass dich nicht davon abschrecken, dass du hier in der Heartmath-Bewegung bzw. -community auch Statements findest, die tendenziell damit „die ganze Welt retten" wollen. Da ist sicherlich auch sehr viel wohlwollende Motivation dahinter, jedoch wäre hier auch ein bisschen mehr Demut hilfreich: z. B. die Welt besser zu verlassen, als wir sie angetroffen haben ...

Für diejenigen von euch, die sich noch weiter oder gar professionell mit den Heartmath-Anwendungen wie „Inner Balance" oder „em-Wave" beschäftigen wollen, empfehle ich natürlich zuerst die englische Originalhomepage (www.hearthmath.com), aber auch diejenige von hearthmathdeutschland.de.

PSYCHOHYGIENE - ZUR RUHE KOMMEN

Für mich ist auch eine Qualität von WASSER, dass es neben stürmischen Momenten mit hohen Wellen auch einmal ganz ruhig sein kann, in sich ruhend, ausgeglichen, ausbalanciert, spiegelglatt.
Am Beispiel des Klöntalersees (Kanton Glarus) sehen wir tiefes und ruhiges Wasser, das zwischen den Bergabhängen des Tales liegt, das sich tragen lässt, das ganz ruhig ist und nichts dafür tun muss.

Darum ist für mich eine emotionale „Work-Live-Balance", also die gefühlsmässige Ausgewogenheit zwischen beruflicher, familiärer Tätigkeit und Freizeit, heute von grosser Bedeutung. Sowohl der traditionelle Mann, als auch der, der in Teilzeit arbeitet und mehr Familienarbeit übernimmt, wird dabei gerade auch emotional ausserordentlich gefordert.

Wann ist darin noch Zeit und Raum für dich selbst, für deine ganz individuellen, männlichen und menschlichen Bedürfnisse, für eine gute Psychohygiene, für einen Eintrag im Tagebuch, für ein klärendes Gespräch oder Zwiegespräch mit der Partnerin?

Ruhe kehrt da ein, wo die Gefühle eines Mannes genügend Ausdruck finden, wo es möglich ist, Auseinandersetzungen zu führen, sich auszusprechen, Klärungen herbeizuführen und wo sich ein emotionaler Spannungsbogen wieder schließen kann. Wenn wir giftige (toxische) Emotionen herunterschlucken, verdrängen oder auszusitzen versuchen – ebenfalls ein scheinbar sehr „bewährtes" männliches Instrument – da bleibt etwas unverdaut, unverarbeitet liegen in uns, das sich früher oder später z. B. über unser vegetatives Nervensystem als Psychosomatik in unseren Organfunktionen, in unserer Körperhaltung und in unserer Gesundheit als chronische Krankheit zeigen kann; oder sich dann zur Unzeit mit einem Gefühlsausbruch irgendwann einigermassen unkontrolliert Ausdruck verleiht.

Hier geht es mir darum, dass wir mit der Kraft des FEUERS und des WASSERS zusammen in der Lage sind und „die Eier" dafür haben, für unsere Psyche wichtige Anliegen zu thematisieren, sie mit der entsprechenden Person oder Institution zu erörtern und dafür eine für alle Beteiligten stimmige Lösung zu finden. Dann können wir schliesslich loslassen, uns entspannen, zur Ruhe kommen; hier erinnern wir uns auch an das Thema „Wut" im Element FEUER, wo es dann in der Sichtweise der 5-Elemente-Männerarbeit die spezielle „Herzenswut" braucht, um wirklich zu Ruhe zu kommen.

Das heisst für uns, dass eine gute Psychohygiene von grösster Wichtigkeit ist und dass wir uns heute als moderne, zeitgemässe Männer mit entsprechenden Tools ausrüsten können und sollen, die uns diese ermöglichen. Oder wir sehen sogar einmal die Notwendigkeit, mit einer psychotherapeutischen Unterstützung ein vertracktes, altes Gefühlsthema anzugehen, es in uns anzuerkennen, zu erlösen und ihm seinen Platz in uns zu geben. Gerade auch wenn wir durch Schicksalsschläge, z. B. durch eine Trennung und Scheidung, betroffen sind, dann ist Psychohygiene eines der entscheidenden Mittel, um wieder klar zu werden im Herz – und damit auch im Kopf und Bauch – um so unseren Weg fortsetzen zu können.

IM MÄNNER-TAGEBUCH SCHREIBEN

Hattest du schon mal Zeit, in **deinem Tagebuch** zu schreiben? Ja, Tagebücher gibt es nicht nur in lila und pink für junge Teenie-Frauen – nein, es gibt sie auch für Männer! Dann sehen sie vielleicht erdfarben oder relativ unspektakulär aus, oder du hast dein Tagebuch auf einem **geschützten Teil deines Computers (!)** ... for your eyes only!

Nimm dir immer wieder Zeit – gerade, wenn dich etwas berührt, umtreibt, bewegt oder nervt – um das in allen Details, in allen Farben, mit allen Flüchen und Beleidigungen, mit allen schwärmerischen, verklärten und allen krass männlichen Aus-drücken darin zu beschreiben ...!!!

Wie gross ist dein Vokabular? Es gibt Hinweise darauf in der Männererforschung, dass Männer v. a. auch in der Umgangssprache sehr viel weniger Wortschatz haben als Frauen. Das kannst du als Stärke auslegen und sagen, dass wir Männer etwas mit wenigen Worten auf den Punkt bringen können und nicht ein mehrstündiges Palaver dafür brauchen. Die Realität ist jedoch, dass – wenn du einmal ein längeres Gespräch mit einer dir nahestehenden Frau führst – du vielleicht merkst, dass du da nur mit Mühe mithalten kannst, du immer wieder nach Wörtern suchst oder gar ganz verstummst ...
DAS können wir besser, Männer! Lasst uns auch im Gespräch unter Männern farbiger, gewagter, länger, tiefer werden. Nimm dir darum auch Zeit – so quasi als Trainingslager – dir selbst in deinem Tagebuch in allen Details gerade auch von deiner Gefühlslage zu berichten: wie dein Tag war, wie dich dies und das gerade getroffen hat, angenehm oder auch beklemmend! Das Tagebuch ist auch dann gut, wenn du nicht gerade Abhilfe schaffen und ein Gespräch mit der zuständigen Person oder deinem Coach bzw. Therapeuten führen kannst. ES ist sozusagen immer für dich da! Schön, oder!?

> **ÜBUNG 13:**
> Ja, jetzt gerade geht es darum, IN DEIN TAGEBUCH zu schreiben. Vielleicht ist dies gerade der Start oder ein Neustart im bereits vorhandenen Tagebuch – auf dem allerdings ca. 1 cm Staub liegt. Abstauben oder vielleicht auch mal kräftig ausschütteln hilft! Oder du nimmst einfach ein Stück Papier oder deinen Computer.
> Nimmt dir einen Moment Zeit, darüber zu schreiben, was du gerade erlebst, wenn du dieses Buch liest, was es in dir auslöst, hervorruft – Lebensfreude, Impulse, Angst, Traurigkeit, Wut ...!?
> ....
> ....
> ....
> Und noch einmal: FOR YOUR EYES ONLY - Und bitte sei sicher und sorge dafür, dass das niemand liest, gar niemand ... und eben gerade auch deine grösste Liebe nicht, <u>gerade eben nicht ...!!!!</u>

DAS TIEFE GESPRÄCH UNTER MÄNNERN

Eine sehr schöne und reiche Form des Gesprächs ist die mit deinem Männerfreund, mit deinem Kumpel. Ich habe das grosse Glück, mit einem mir sehr nahestehenden Männerfreund ein Gegenüber gefunden zu haben, mit dem ich mich telefonisch regelmässig austausche. Schön ist natürlich auch, falls das möglich ist und in deine Agenda passt, sich mit einem oder mehreren Männern regelmässig persönlich zu treffen. Aber gerade wenn es darum geht, diesen Kontakt über die Distanz zu erhalten, dann ist das Telefon mit und ohne Bild eine verlässliche Variante.
Das Ganze kam ins Rollen, als wir beide zusammen in das zu Anfang des Buches erwähnte Männertraining gingen und da die Aufgabe bekamen, zweimal die Woche miteinander Kontakt zu haben, uns auszutauschen und uns gegenseitig bei heiklen Themen zu coachen.
Wir haben diesen Kontakt in dieser Form nun schon seit ca. 12 Jahren aufrechterhalten und schätzen diesen immer noch sehr. Diese

Begegnung ist fest in unserer Agenda platziert und wird nur in den Ferien oder bei aussergewöhnlichen Situationen mal ausgelassen. Ich würde mal behaupten, dass auch dieser Kontakt mit ihm dafür gesorgt hat, dass ich gelernt habe, wortreicher, detaillierter und farbiger über meine Gefühle zu sprechen. Unter anderem darum kann ich heute in Gesprächen mit Frauen schon recht gut und locker mithalten ...

Und es ist normalerweise auch ein fester Teil der Kultur in Männergruppen, diesen Ausdruck unserer Gefühle als normale und wichtige Komponente des Austauschs zuzulassen und gemeinsam zu leben – z. B. als geäusserte Empfindung im „Kreis oder Rat der Hörenden", wo wir uns aktiv und emphatisch zuhören.

FLEXIBILITÄT UND TOLERANZ

Wenn wir hier nun als Nächstes im Kontext des Elementes WASSER die Begriffe Flexibilität und Toleranz genauer anschauen wollen, dann kommt mir das berühmte **Bespiel mit dem Elefanten** in den Sinn, das ich nun für unsere Reflexion über diese Themen modifiziere:

REFLEXION 1:
Wir sehen einen Elefanten vor uns und es gibt mehrere Männer, die als Betrachter diesen von verschiedenen Seiten und Orten her anschauen. Und schon bald gibt es Unfrieden zwischen den Betrachtern, weil jeder sagt, dass das, was er sehe, die einzig richtige Ansicht sei:

- *Der Betrachter von vorne sagt: „Ein Elefant besteht aus einem grossen Körper, mit grossen Ohren, Stosszähnen und einem Rüssel mit dem er frisst und säuft."*
- *Der Betrachter von hinten aber sagt: „Nein, nein, ein Elefant ist zwar gross wie du sagst, aber er besteht aus einem mächtigen Hinterteil, zwei Füssen und aus einem kleinen Schwänzchen mit dem er immer wedelt."*

- *Der Betrachter an den Füssen berichtet: „Ich weiss nicht wo ihr Blödmänner hinschaut, aber ein Elefant besteht aus mehreren riesigen Säulen, riesigen Füssen mit Nägeln, mit denen er ganz sanft und leise auftreten kann und einem gigantischen Bauch."*
- *usw.*

Natürlich haben am Schluss eigentlich alle recht, denn in einer ganzheitlichen Betrachtung erkennen wir sofort, dass der Elefant all das ist, was die Männer beschreiben. Wenn wir also hier z. B. mit der schon oft erwähnten, integralen Betrachtungsweise den Elefanten sehen – z.B. mit Filmaufnahmen auf Monitoren von allen Seiten nebeneinander, dann besteht er aus den Einzelkörperteilen (den einzelnen Monitoren), aber auch als Ganzes.

Hier können wir die auf meiner Homepage erwähnten „Standpunkte in der 5-Elemente-Arbeit, die im nächsten Kapitel weiter ausgeführte, dreiteilige Betrachtungsweise anwenden.

Die drei Teile sind:

1. die analytische, punktuelle Betrachtung der Elefanten-Details im Einzelmonitor, z.B., wenn wir auf eine Stelle, auf das Auge zoomen
2. die Betrachtungsweise aller Monitore nebeneinander, wie in einem Fernsehstudio die verschiedenen Kameraeinstellungen
3. das gleichzeitige Anschauen aller Monitore, die Meditation des Elefanten als Ganzes oder den gefilmten Rundflug einer Drohne um ihn, bei dem die betrachtenden Männer an ihren Orten sichtbar sind.

Diese Betrachtungsweise führt dazu, dass wir mental und emotional flexibler und toleranter werden und uns weniger nerven, weil wir je nach Ort der Betrachtung flexibel demjenigen Mann zustimmen können, jedoch trotzdem das grosse Ganze nicht aus den Augen verlieren. Manchmal ist es auch nicht möglich, dem Mann an seinem Ort zu erklären, dass er nur einen Ausschnitt des Elefanten betrachtet, und wir können ihm aber trotzdem bestätigen, dass seine Betrachtungsweise an dem Ort richtig ist.

Oder wenn wir ihm das Video aus der Sicht der Drohne zeigen könnten, was dann ...? Dann würde er vielleicht sagen: „Ja, so!" und mit seinem Kopf nicken ...

Also haben rechtskonservative, politische Kreise ja recht, wenn sie u. a. sagen, dass es wichtig sei, das zu ehren, zu respektieren und zu erhalten, was an Werten und Erfahrungen von früher her schon besteht. Ebenso recht haben die eher links-progressiven Kreise, die sagen, es brauche neue Impulse, es sei nötig, neue, moderne Aspekte hinzuzufügen. Beide haben jedoch nicht darin recht – wie wir vom Elefanten her nun wissen – dass einzig und allein die konservative oder progressive Wahrnehmung richtig ist.

Wie wir beim Bild vom Baum mit seinen Wurzeln im Kapitel „Durch innere Arbeit den Boden für eine aktuelle, männliche Identität legen" gesehen haben, ist es wichtig, dass es für einen Baum alte und neue Wurzeln braucht, um fortbestehen und gedeihen zu können.

Wenn es uns also gelingt, dieses „sowohl als auch" als integrale, ganzheitliche Sichtweise mehr in unseren Alltag zu integrieren, dann hat diese einen nicht unerheblichen psychohygienischen und entspannenden Effekt. Das Ganze noch ein bisschen mit einer Prise Humor versehen ist dann schon ziemlich gut lebbar, oder?

DANKBARKEIT EMPFINDEN UND AUSDRÜCKEN - SAMT SCHATTEN

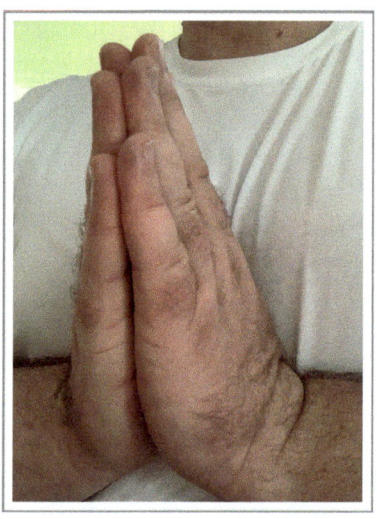

Mittlerweile ist diese ursprünglich aus den Veden stammende, hinduistische (Namaste) und tibetisch-buddhistische Geste (Tashi Delek) mit den zusammengelegten Händen vor dem Herzen schon weltweit bekannt und verbreitet, auch als Emoji auf den sozialen Medien; sie bedeutet schlicht, sich zu bedanken, sich zu verneigen, jemanden zu ehren. In der christlichen Welt gibt es die Variante, die Arme mit offenen Händen, Handflächen nach innen, gekreuzt auf seine Brust oder schlicht eine Hand auf die Herzgegend zu legen und sich zu verneigen.

Wann hast du dich das letze Mal für etwas bei jemandem ganz offiziell bedankt?

Wann hat sich bei dir kürzlich jemand für etwas bedankt?
Bedankst du dich gerne – zu viel oder zu wenig?
Zu welchem „Dankbarkeitstypen" gehörst du?

Bei den **Schattenaspekten** des WASSERS in diesem Thema gibt es diejenigen unter uns, die überall und immer Danke sagen, auch wenn sie überhaupt nicht bekommen haben, was sie wollten. Diese sind entweder sehr weise oder – was doch öfter der Fall ist – sie haben hier eine ungute Form der Flexibilität entwickelt, um ja nicht irgendwo anzuecken. Dieses Danke kommt nicht an, ist „gefaked" und entlarvt sich selbst. Diese Kollegen sollten mit dem Mut aus dem in ihrem Herz entfachten FEUER sich darin üben, **„NEIN!"** zu sagen – z. B. wenn der Kellner oder die Kellnerin nach dem Mittagessen fragt, ob es gut war, einfach die Wahrheit zu sagen – „Nein! Es war mir heute zu fade" oder so. Und dann am Schluss aber auch: „Danke, dass Sie gefragt haben!"

Und dann gibt es noch die Frustrierten, die Wütenden, die Verletzten unter uns, die ein Danke nicht über ihre Lippen bringen, dieses lieber mit ins Grab nehmen. Falls du zu dieser Gruppe von „Nein-Danke-Praktizierenden" gehörst, dann hast du Schattenarbeit zu leisten. Schattenarbeit heisst hier, du nimmst deinen Mut in der Wut und den Schmerz, den du empfindest, in dein Herz, hältst ihn da eine Weile aus und atmest mit ihm. Dann erkennst du vielleicht, dass die Ursache für deine Verweigerung nicht in der momentanen Situation liegt, sondern irgendwo in deiner Biografie eine grobe Verletzung passiert ist. Diese gilt es einmal für sich anzuschauen, zuzuordnen und sich damit zu versöhnen. Vielleicht kannst du dann nach dieser „Herzenspause" wenigsten ein trockenes „Danke" murmeln oder mit deinem Kopf nicken. Das ist ein Anfang, Mann ...!

Dankbarkeit empfinden und Danke sagen sind sehr kraftvolle Instrumente, Ausgleich zu schaffen – Ausgleich im Geben und im Nehmen. Sich zu bedanken ist, wenn es wirklich aus dem Herzen kommt, eine hochwirksame Massnahme der Psychohygiene.

4. Kapitel: Das Element LUFT = der atmende, wissende, verstehende, integrale, geistige Mann

Das Element LUFT erlebst du in deinem Leben ganz intensiv zuerst einmal, wenn du geboren wirst und durch den berühmten Klaps auf deinen Hintern schreiend zum ersten Mal tief Luft holst, einatmest – und wahrscheinlich auch zuletzt – wenn du stirbst; dann nämlich, wenn du das letze Mal ausatmest und nicht mehr einatmen kannst.

Luft ist absolut elementar, ohne Luft ersticken wir innerhalb kürzester Zeit. Luft ist das Element, das uns bei schlechter Qualität oder Abwesenheit sehr schnell in existenzielle Bedrängnis bringt – viel schneller, als wenn wir verdursten (Wasser) oder verhungern (Erde) oder erfrieren bzw. verschmachten (Feuer). Luft ist also fundamental und hat eine Qualität im Sofort, im jetzigen Moment und in der Unmittelbarkeit des Jetzt.

Das Element LUFT hat aber auch schon seit Menschengedenken mit dem Geist, dem Denken und Sprechen zu tun. Und es ist wichtig, dass wir mit unserem Zentralnervensystem eben nicht nur „warme Luft" hin und her bewegen, wie wir es manchmal den Politikern unterstellen.

DER GEIST - UNSERE MENTALE, KOGNITIVE KRAFT - UND SEIN SCHATTEN

Mit dem Element LUFT ist **unser Geist**, unsere mentale Kraft und damit unsere Fähigkeit, etwas geistig zu erfassen und zu verstehen, verbunden. Hier geht es also um uns als Männer, die sich einzeln und auch als Kollektiv geistig nähren, die sich Wissen bzw. Knowhow aneignen, die erkennen und unterscheiden lernen – es geht um unsere intellektuellen Fähigkeiten.

Wie breit ist dein geistiger Horizont?
Ist er wie unten in einem Canyon, wenn du nach oben blickst, oder – wie ein Panoramablick auf dem Gipfel eines Berges?
Wie eng bzw. wie weit siehst du „es"?
Was tust du für dein geistiges Wachstum, wie nährst du deinen Geist und wenn ja, mit was, mit einem Würfelzucker oder einem reifen, schmackhaften Bio-Apfel?
Fühlst du dich wohler in einer einfachen (vereinfachten) Welt, die ganz klar schwarz oder weiss ist, wo „alles klar" ist und „du alles im Griff hast"?
Oder hast du den Mut, dich in einer panoramischen Perspektive in vielen Farben und Grautönen zu üben, wo am Schluss jedes Ding seinen Platz hat, wenn es am richtigen Ort und im richtigen Kontext steht (integrale Sichtweise)?

In diesem Kapitel wollen wir uns bereits ganz am Anfang zwei Schattenaspekte innerhalb der Thematik „Geist als unsere mentale, kognitive Kraft" anschauen. Die grössten **Schatten** des Elementes LUFT zeigen sich uns in den extremen Polen des Mann-seins als der sog. „Kopffüssler" oder als „impulsiver Macho". Ich führe diese beiden auf, um in deren Überzeichnung zwei für mich wichtige, geistige Trends aufzuzeigen, die sich mir in der Männerwelt, in der ich lebe, zeigen.

Der **„Kopffüssler"** ist der oft ein bisschen arrogante, schmächtige Mann, der nur in seinem Kopf, in seinem Geist, in seinen Gedanken, in seinen Konzepten, in seinem Intellekt lebt und darin hängen bleibt. Dies ist auch Ausdruck davon, dass in unserer schweizerischen, westlichen Kultur das Mentale, das Wissen in unseren Köpfen als das Wichtigste gilt.

In den Schulen und Universitäten wird v. a. Wissen gebunkert und alle Schüler und Studenten suchen manchmal verzweifelt den Ort, wo der „Trichter" angesetzt werden könnte, um all das Wissen aufnehmen zu können ...
Spätestens dann, wenn du an dir herunterblickst, wirst du erkennen, dass da ja ein Rumpf, Arme und Beine sind, ohne die der Kopf und damit dein Zentralnervensystem im Schädel so ziemlich auf verlorenem Posten sein würde – kein Halt, keine Nahrung, keine Durchblutung, kein Sauerstoff etc. Und wenn du von deinem Hirnschädel in deinen Gesichtsschädel hinunterschaust, dann siehst du da Unglaubliches: Sinnesorgane, einen Mund zum Essen und Trinken mit

einer Zunge zum Schmecken, eine Nase zum Atmen und zum Riechen, Augen zum Sehen ...

Mit dem Gebrauch unseres Geistes, unseres Verstandes, unseres Intellektes ist nichts grundsätzlich falsch, ja er ist sogar immer wieder sehr nützlich. Aber die Identifikation nur damit wird unserer menschlich-männlichen Existenz definitiv nicht gerecht.

Bei diesem Extrem geht es mir darum, den Kopf wieder mit dem restlichen Körper zu einer Ganzheit zu verbinden und diesen somit zu erden – siehe auch Element ERDE.

Und dann gibt es in diesem Element auch noch den Schatten des Gegenpols im Mann – **den impulsiv-rohen, körperzentrierten, tattoo-verzierten Macho**, den „Manta-Fahrer", der, ein bisschen böse gesagt, seinen Kopf mehrheitlich dafür braucht, sein Baseball-Cap aufzusetzen, je nachdem zusätzlich mit Sonnenschutz exzentrisch nach vorne oben oder nach hinten. Ich erinnere mich diesbezüglich an einen meiner Primarlehrer, der den Ausspruch geprägt hatte: „Ihr habt nicht nur dafür einen Kopf bekommen, damit ihr wisst, wo ihr die Kappe anziehen sollt."

Diese Jugendlichen und Männer sind auf der manchmal schon ein bisschen verzweifelten Suche nach männlicher Identität bei den Darstellungen von Wrestlern, von Schwergewichtsboxern, von Bodybuildern, von Machos hängen geblieben. Warum? Weil ihre Väter nicht als Vorbilder taugten und/oder nicht zur Verfügung standen.

Da entsteht Identität mit der Vergrösserung des Körpers, der Muskelmasse, was unweigerlich dazu führt, dass der Kopf immer kleiner erscheint ... Und dies sind oft Männer, die z. B. in einem sozial benachteiligten Umfeld aufgewachsen sind, wo sie von klein auf lernten, dass sie geistig limitiert sind, dass sie dumm sind und darum versuchen sie ihren Mangel an Selbstbewusstsein im mental-koginitiven Bereich durch körperliche Macho-Allüren mit und ohne Gewaltausübung zu kompensieren. Oder sie stammen aus Kulturen, in denen der stark patriarchale Macho-Mann als Leader, als Stammesführer, als „Macker" die (bisher) erfolgreichste Umsetzung von Männlichkeit hergibt. Und es sind oft auch Männer, die das „Velofahrer-

Prinzip" leben – gegen oben den Buckel und gegen unten treten – also eigentlich nur eine schwache, männliche Identität mit einem geringen autonomen Selbstbewusstsein haben.

Ich bin der festen Überzeugung, dass geistige Einschränkungen und Prägungen – abgesehen von angeborenen geistigen Behinderungen – v. a. etwas Erlerntes sind und tief verankerten, manchmal auch seit Generationen vorhandenen Glaubenssätzen und Mustern entsprechen; diese gilt es aufzubrechen und zu verlassen.

Bei der Arbeit mit den geschilderten geistigen Schattenaspekten hat unsere moderne, westliche Gesellschaft mit vielen Aus- und Fortbildungsmöglichkeiten, aber auch Therapieangeboten heute viel zu bieten, um sich aus diesen Beschränkungen zu befreien.

> Um ganzheitlich Mann zu sein, brauchen wir – so gesehen – sowohl geistige, intellektuelle Fähigkeiten (LUFT) als auch die Verankerung in einem gesunden, fitten Körper (ERDE).

Lasst uns nun (bitte mit dem ganzen Körper) im weiteren Verlauf dieses Kapitels nun einfach einmal in der Vorstellung auf einen Berggipfel steigen, wo wir in alle Richtungen 360 Grad, nach oben und unten blicken können! An diesem Ort und mit diesem Ausblick möchte ich mit dir ein paar Themen betrachten:

STANDPUNKTE IN DER 5-ELEMENTE-MÄNNERARBEIT

In der ganzheitlichen Männerarbeit mit den 5 Elementen ist meiner Meinung nach bei einer Problematik die Einnahme folgender 3 essenzieller Standpunkte sinnvoll:

1. Ein Element bzw. ein Einzelaspekt eines Elementes soll einzeln **im Detail angeschaut** und wissenschaftlich, analytisch untersucht werden – so als ob es dann in diesem Moment nur gerade dieses Detail gäbe! Wir blenden dafür alles andere aus und schauen durch unsere Lupe auf die Vergrösserung des Einzelteils und staunen über die feinen Linien darauf.

2. Genauso wichtig ist die Betrachtung aller Teilaspekte einer Problematik **in der Übersicht** als Panorama nebeneinander – wenn wir sie alle nebeneinander auf einen grossen Tisch ausbreiten und hinlegen. Für die Übersicht über alle Teile können wir ja noch zusätzlich auf einem Stuhl stehen oder das Ganze mit einer Drohne von oben filmen.

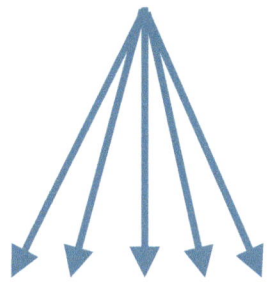

3. Und dann geht es um die Meditation der **Betrachtung von allem gleichzeitig**, als unfocussiertes Wirkenlassen auf uns, als Loslassen ins Ganze, als Synchronizität. Und so gelingt es uns dann z. B., ein Mosaik als Gesamtkunstwerk oder darin verborgene Botschaften zu sehen.

DIE INTEGRALE SICHTWEISE - GROWING UP

Eine für mich schon eingangs des Buches erwähnte, für mich faszinierende und umfassende Philosophie wie die integrale Sichtweise[8/35], ist für mich ein Beispiel dafür, wie wir unseren Geist, unsere Sicht nach und nach weit und breit machen können, um dann zu erkennen, dass alles am richtigen Ort Sinn macht, jedoch an der falschen Stelle auch nicht ... Und dass es eben nicht so sehr um das „entweder, oder" geht, sondern vielmehr um das „sowohl als auch".

In diesem Zusammenhang erinnern wir uns an die eingangs erwähnten Slogans. Derjenige, der hier beim Element Luft hauptsächlich zum Zug kommt ist: **Growing up – Aufwachsen, sich entwickeln!**

In der integralen Weltsicht – zu deren Vertretern u .a. **Jean Gebser**[7] und heute hauptsächlich **Ken Wilber**[8] und seine weltweite integrale Bewegung gezählt werden – geht es um eine umfassende Sicht des Menschen und der Welt; in ihr werden alle heute bekannten, alten und neuen Betrachtungsweisen auf der ganzen Welt in einen grösseren Zusammenhang gebracht.

Das bekannteste Symbol der sog. integralen Landkarte heute ist das von Ken Wilber entwickelte **Quadranten-Modell**, das wir schon von der Einleitung her kennen – unser GPS.

oben links (ol)	individuell	individuell	oben rechts (or)
innen	**ICH** Selbst, Gedanken, Gefühle, Absichten, Psyche	**ES** Körper, Gehirn, Genetik, Aussehen, Verhalten, Fitness	aussen
innen	**WIR** Beziehungen, Kultur und Weltanschauungen	**SIE** Umgebung, soziale Strukturen und Systeme, Umwelt	aussen
unten links (ul)	kollektiv	kollektiv	unten rechts (ul)

In jedem dieser Quadranten gibt es dann wieder die entsprechenden Entwicklungslinien:

- oben links: die Entwicklung des Individuums
- oben rechts: die Entwicklung des menschlichen Körpers
- unten links: die Entwicklung unserer Kultur
- unten rechts: die Entwicklung der sozialen Systeme

Diese Entwicklungslinien verlaufen in Wellen und sorgen dafür, dass wir uns innen und aussen, individuell und kollektiv entwickeln, dass wir wachsen können, dass unser Bewusstsein sich weiterentwickeln kann – oder wir eben im übergeordneten Sinne, nicht nur als Kinder, als Männer, sondern auch als Menschheit kollektiv „aufwachsen" können – growing up!

Die Vertiefung und das Studieren und Reflektieren der integralen Philosophie in ihrer Ganzheit ist köstliche Nahrung für unseren Geist, für unseren Intellekt – ein riesiges Buffet, an das wir immer wieder, wie bei einem Sonntags-Frühstücksbuffet, quasi à discrétion, zurückkehren können und wo wir uns weiter und weiter sättigen können. Dabei geht es aber auch darum, Mass zu halten, uns nicht zu überessen und uns dann den ganzen Sonntag übel und schlapp zu fühlen, sondern immer wieder dahin zurückzukehren, wieder einen kleiner oder grösseren Happen zu holen, der für den Moment für uns auch verdaulich ist ...

Neben dieser Philosophie gibt es sicherlich noch viele andere Philosophien und Lebensweisheiten aus der alten und neuen Zeit, die uns mit Energie für unser Wachstum versorgen.

Es ist die Aufgabe von jedem von uns Männern, uns, was unsere Lebensphilosophie betrifft, Zeit unseres Lebens weiterzuentwickeln, weiter zu wachsen und unseren Horizont weiter und weiter werden zu lassen.

Auch das durch das Element LUFT stark geförderte, geistige Auseinandersetzen mit unserer Entwicklung ist Teil einer integralen, grösseren Betrachtung, nämlich:

Wake up =	*Aufwachen, spirituell zu erwachen*
Grow up =	*Aufwachsen, sich zu entwickeln*
Clean up =	*Aufputzen, Schattenarbeit zu leisten*
Show up =	*Aufstehen, sich zeigen, aktiv werden*

Und wenn wir all diese Aspekte in unsere ganzheitliche Männerarbeit einfliessen lassen, dann werden wir, wie unser symbolischer Baum,
- mit unseren alten und neuen Wurzeln in die Tiefe wachsen und uns da verwurzeln, Halt und Nahrung finden

- mit den Ästen in die Breite wachsen und so reicher, farbiger, vielseitiger werden und
- mit dem Stamm in die Höhe, in den Himmel wachsen und versuchen grösser zu werden, um mit ihm irgendwann einmal den Himmel, das Spirituelle berühren zu können ...

Ich persönlich habe mich speziell die letzten 9 Monate des Jahres 2017 mit einem amerikanischen, integralen Coach zur Vertiefung der vier oben aufgezeigten Bereiche über Skype regelmässig getroffen. Die Unterstützung durch einen erfahrenen Mann, einen Coach und Mentor ist etwas Herrliches, etwas Aussergewöhnliches, eben auch Nahrung, Förderung und Anerkennung vom Feinsten. Dabei kam mir zugute, dass einer meiner Äste eine Affinität oder Begabung für die englische Sprache ist.

Die Qualität des Elementes LUFT ist nun diejenige, dass wir geistig erkennen, neugierig und hungrig sind und bleiben, dass wir Zusammenhänge herstellen und uns über die geistige Ebene lernen zu entwickeln (auszuwickeln) und zu verwirklichen.

GLEICHSTELLUNG DER GESCHLECHTER

Und es braucht auch eine gewisse, luftige Weite im Blick und in unserem Zentralnervensystem, anzuerkennen, dass es bei den Basics der Gleichstellung zwischen Mann und Frau nun mal einfach äusserst sinnvoll und gerecht ist, für den gleichen Job den gleichen Lohn zu erhalten. Gleichstellung hat mit dem Bemühen zu tun – hüben wie drüben – alles mit den gleichen Spiessen zu messen, messen zu wollen. Gleichstellung heisst, dass Männer und Frauen gleich viel einatmen und ausatmen, gleich viel für sich als Individuum wie auch als Teil unserer Gesellschaft nehmen und geben sollen. Natürlich gilt dies für mich z. B. auch für das Rentenalter und für einen Militär- oder Zivildienst.
Meiner Meinung nach sind es diese Bereiche – wie die rechtliche und institutionelle Gleichstellung von Mann und Frau – die zwingend sein müssen; und hier bewegen wir uns im unteren, rechten Qua-

dranten der integralen Landkarte. Hier ist die Gleichstellung, der Ausgleich, das Ausnivellieren richtig und gut!
Während es wiederum Bereiche gibt zwischen den Geschlechtern, wo diese dann z. B. biologisch, genetisch, hormonell doch recht weit auseinander liegen (oberer rechter Quadrant) im Sinne einer spannenden, interessanten und erotischen Polarität. Und hier ist dann die Gleichheit, die Einheit, die Gleichschaltung falsch und problematisch.

Eben, wir sagten doch gerade weiter oben – sowohl als auch, oder!?

Zum Thema der Gleichstellung gibt es die, meiner Meinung nach, richtungsweisende, integrale Betrachtung in einem Aufsatz von **Max Peschek**[38] aus dem Jahr 2009 mit dem Titel **„Wilder Frieden"**. Hieraus möchte ich ein paar Zitate entnehmen:

> *„In unserer Kultur sind Frauen und Männer in unterschiedlicher Zahl in Berufen und Lebensbereichen vertreten. Erklärt wird die unterschiedliche Verteilung in der Regel damit, daß ein Geschlecht (die Männer) das andere (die Frauen) unterdrückt, und zwar weltweit, kulturübergreifend und über einen Zeitraum von mehreren tausend Jahren. Das Opfer-Geschlecht ist naturgemäß gut, das Täter-Geschlecht böse. Auf eine einfache Formel gebracht: Frauen sind Schafe, Männer sind Wölfe. Diese Anschauung ist inzwischen so sehr verbreitet, daß eine andere Sicht geradezu blasphemisch wirkt."*
>
> *„Erst mit den technischen Gegebenheiten der Moderne entstand die Möglichkeit, zunehmend unabhängig von Körperkraft Tätigkeiten auszuüben. Und Frauen haben sofort begonnen, diese Möglichkeiten zu nutzen, eine Prozeß, der immer noch andauert. Insoweit wäre zu überlegen, ob und inwieweit "Unterdrückung" als ideologisches Konstrukt wirklich brauchbar war und ist, oder ob nicht vielmehr ein Paradigmenwechsel zu einer "gemeinsamen Erneuerung des Geschlechterarrangements im Zuge neuer Produktions-weisen" die sinnvollere Perspektive wäre.*

> *Solch eine Erneuerung geht nicht ohne Auseinandersetzung; Individuen und soziale Systeme besitzen eine Trägheit, die sich Veränderungen widersetzt und nur allmählich und in kleinen Schritten zuläßt. Den Mühen der Eroberung von Vorstandsetagen durch Frauen stehen die Mühen zur Gleichberechtigung nicht-ehelicher Väter im Umgangs- und Sorgerecht dabei in Nichts nach. Beide Seiten müssen bei einer neuen Verteilung der gesellschaftlichen und privaten Macht etwas abgeben, haben aber auch die Chance, viel dazu zu gewinnen. Widerstand richtet sich nicht gegen die Beendigung von Jahrtausenden männlicher Abscheulichkeit und weiblicher Dummheit, sondern gegen das Hervortreten einer völlig neuen Bewußtseinsstruktur, in der Frauen und Männer über die bisherige Rollenverteilung hinauswachsen und etwas völlig neues, historisch noch nicht dagewesenes erschaffen müssen."*
>
> *„Die Perspektive des Geschlechterarrangements, eines gemeinsam von Frauen und Männern geschaffenen Miteinanders, statt derjenigen einer Unterdrückung, gibt die Möglichkeit, sich auf Lösungen zu konzentrieren und unnötige Reibungsverluste und Kämpfe zu vermeiden."*
>
> *„Die Zukunft gehört den integralen Frauen und Männern, die in einem wilden Frieden ein selbstbewußtes, liebevolles und leidenschaftliches Leben führen."*

Diese Betrachtungsweise schafft eine neue Basis und öffnet uns viele neue Perspektiven für ein zukünftiges Miteinander von Männern und Frauen. Und ... dieser Perspektivenwechsel scheint mir heute ganz dringend notwendig!

MÄNNLICHE IDENTITÄT UND INTEGRITÄT:

Nun wollen wir uns mit den Begriffen der männlichen Identität und Integrität auseinandersetzen, welche wir hier – in Ergänzung zur Einleitung – ins Kapitel LUFT aufnehmen wollen, weil sie v. a. auch mental, geistig erfasst und begriffen werden können.

Es gibt eine **individuelle Identität** für dich als Mann und eine **kollektive Identität** für uns Männer.

Bei einer Männer-Identität geht es um Echtheit, um Übereinstimmung mit einem Credo, um ein Identifizieren mit sich selbst und als Gruppe, in Übereinstimmung kommen mit etwas.

Deine Identitätskarte (ID) zeigt deine Unverwechselbarkeit und Einzigartigkeit. Der Mitgliederausweis gibt Zeugnis davon, dass du zu einem Verein, zu einer Vereinigung, zu einer Organisation gehörst und dich damit identifizierst. Dein Pass mit deinen biometrischen Daten weist dich als männliches Individuum und Bürger eines Landes aus.

Bei der Identität können wir wiederum die 4 integralen Quadranten unterscheiden:
- die individuelle, männliche Identität eines Mannes, wahrgenommen z. B. als Körpergefühl, als Muskelspannung, als Gefühle und Gedanken in dir drin (oben links)
- die individuelle, männliche Identität im Äusseren: Haar- und Augenfarbe, Grösse, Statur, Muskulatur, Gewicht, Behaarung, Penis und Hoden (oben rechts)
- die kollektive, innere Identität als Männer weltweit, als Männer eines Landes, als eine Männerkultur, Männergruppe oder als das männliche Geschlecht mit einem typischen Verhalten als Gemeinsamkeit erlebt (unten links)
- die kollektive Identität als Männer aussen, als Männerbewegung, als Männerorganisation oder als Männergruppe, die öffentlich oder auch politisch auftritt (unten rechts)

Wer bin ich als Mann, innen?
Wie sieht ein Mann heute aus, aussen? Was gilt als männliche Erscheinung?

Mit was identifizieren sich Männer als Kollektiv unter sich?
Für was engagieren sich Männer in Männerorganisationen?

Durch das Aufbrechen der alten Rollenmuster einerseits, aber auch durch die Auseinandersetzung mit den neuen Rollenverständnissen heute, wurde die männliche Identität grundsätzlich, kollektiv erschüttert und in Frage gestellt, z. B. die Rollen des Ernährers, des Fortpflanzers, des Familienoberhauptes etc.
Auf der Basis dieser kollektiven Veränderung erlebt nun jeder von uns individuell – v. a. auch durch seine Herkunft, seine Familie und Herkunftskultur – mehr oder weniger Unsicherheit und den Bedarf für eine Neudefinition seiner männlichen Identität.

In diesem Buch geht es mir darum, die Entstehung und Definition einer neuen männlichen Identität, Authentizität und Integrität mit dem Weg durch die Elemente in allen 4 integralen Quadranten und ihren Entwicklungslinien zu fördern und zu unterstützen.

Wir Männer brauchen eine zeitgemässe männliche **Identität**, in der wir uns hier und jetzt sicher, wohl, anerkannt und zu Hause fühlen.
Hieraus entsteht dann auch eine neue, männliche **Integrität** als eine erlebte und gefühlte Form des Gut-Seins, des Ganz-Seins, der Unversehrtheit und des „Intakt-Sein-Fühlens".

Wortherkunft: Das Wort Integrität stammt aus lateinisch „integritās" ab (um 1800) und bedeutet „unversehrt, intakt, vollständig"; auch aus „integrare", was „wiederherstellen, einrenken oder [geistig] auffrischen" bedeutet; siehe auch „integrieren" = „ergänzen, vervollständigen, sich zusammenschließen, in ein größeres Ganzes eingliedern" (18. Jh.)[39]

Dieser Definition folgend können wir uns hier um eine Integrität bemühen, indem wir die männliche Identität in der ganzheitlichen Männerarbeit auf der Basis der Auseinandersetzung mit den 5 Elementen wiederherstellen, wieder „einrenken" und geistig auf-frischen.

Die männliche Identität kann nun aus älteren und neueren Anteilen und Wurzeln zusammengesetzt, ergänzt und vervollständigt werden. Dies wiederum ganz nach dem Motto bzw. dem Bild „des Baumes", der auf Grund von älteren und neueren Wurzeln existiert, wächst und gedeihen kann.

Ich finde es lohnend – wenn wir von älteren Wurzeln einer männlichen Identität sprechen – uns als Männer an dieser Stelle einmal mit dem Ethos, den **Wertvorstellungen des Rittertums** im Hochmittelalter[40] zu beschäftigen. Da stossen wir auf die folgenden Begriffe:

- diemüte - Demut
- êre - Ansehen, Ehrenhaftigkeit
- güete - Freundlichkeit
- hôher muot - seelische Hochstimmung
- höveschkeit - Höflichkeit
- manheit - Tapferkeit
- mâze - massvolles Leben
- milte - Grosszügigkeit
- minne - Frauenverehrung
- staete - Beständigkeit
- triuwe - Treue
- werdekeit - Würde
- zuht - Anstand

Oder dann gibt es die eindrückliche Stelle im im Jahre 2005 gedrehten, sehr lohnenden Film **„Königreich der Himmel"** von **Ridley Scott** (der teilweise auf historischen Gegebenheiten beruht), wo der junge Kreuzritter Balian von Ibelin (Orlando Bloom) als Verteidiger von Jerusalem gegen die Sarazenen alle Männer jeglicher Abstammung niederknien lässt und mit folgenden Worten **zu Rittern schlägt**:

„Seid ohne Furcht im Angesicht Eurer Feinde,
Seid tapfer und aufrecht, auf das Euch Gott lieben möge,
Sprecht stets die Wahrheit, auch wenn das Euren Tod bedeutet,

> *Beschützt die Wehrlosen und tut keinem Unrecht."*

Die in dieser Art und Weise „ermächtigten, vereidigten Männer" trotzen unter der Leitung des Kreuzritters der Übermacht der Sarazenen und rangen dessen Heerführer Saladin einen freien Abzug aus der zerstörten Stadt ab ...

Natürlich sind diese Begriffe primär einmal im historischen Kontext zu betrachten und zu verstehen, jedoch glaube ich, dass diese Art der **Ritterlichkeit** als alte Wurzel von Männlichkeit – losgelöst von seinem damaligen adligen Hintergrund – auch heute als grundsätzliche Orientierungshilfe dienen kann, wenn es darum geht, zu definieren, was eine zeitgemässe Männlichkeit beinhaltet.
Und ich kann auch einzelne Ansätze von einem in diesem Buch beschriebenen „Ganz-und-gar-Mann-sein" bereits in diesem mittelalterlichen Ethos erkennen und damit eine gewisse Kontinuität von gemeinsamen Werten damals wie heute.

In der zeitlosen Dimension einer allgemeinen, menschlichen Wurzel, in der buddhistischen Philosophie, gilt es als höchstes Ziel im Mensch-sein, „**Körper, Sprache** und **Geist**" ganz in Übereinstimmung zu bringen. In diesem Sinne **integer** zu sein heisst, dass alles, was ich mit meinem Körper tue als Handlung, mit meiner Sprache zum Ausdruck bringe und in diesem Zusammenhang denke und fühle, übereinstimmen soll. Das heisst z. B., dass ich nicht etwas denken und dann aber etwas völlig anderes sagen oder tun kann.

Oder dann gibt es in diesem Zusammenhang auch die Anekdote, dass einmal ein buddhistischer Mönch in der westlichen Welt vor einen Fernseher gesetzt wurde, wo gerade ein Politiker eine Rede zu einem ganz ernsten Thema hielt. Der Mönch fing an, laut zu lachen, und konnte sich kaum mehr erholen davon. Da er das Gesprochene nicht verstand, weil er nur die tibetische Sprache kannte, beobachtete er einfach die stimmliche Aussprache, die Mimik und Körpersprache des Politikers und diese war für ihn höchst amüsant und lustig. So hat hier in diesem Moment der Körper des Politikers etwas ganz anderes zum Ausdruck gebracht als seine gehaltene Rede.

Zu dieser **neuen Identität und Integrität,** ein Mann zu sein, gehören für mich z. B. Eigenschaften wie
- Freude haben und stolz sein, ein Mann zu sein
- Grenzen setzen in deinen Beziehungen, aber auch gegenüber dir selbst
- deine persönliche Geschichte gut kennen und dich mit deinen Schattenseiten beschäftigen
- die Kraft in deinem Körper spüren, wenn du in ihn hinein tief atmest, aufrecht stehst und ihn voll und ganz ausfüllst
- das meinen, was du sagst
- wenn du A gesagt hast, dann auch B sagen – wenn du etwas anfängst, dann bringst du es zu Ende
- überall den Mut haben, die Wahrheit zu sagen, sie anzusprechen
- Rassismus und Sexismus gegen Männer und Frauen entgegentreten
- Konflikten nicht aus dem Weg gehen und auch unter schwierigen Bedingungen sich treu sein, nicht davonlaufen oder dem Frieden zuliebe das Gegenteil sagen
- den wilden Mann in dir suchen, finden und ausleben
- deinen Mitmenschen mit offenen Augen begegnen und sie anschauen
- dir selber eine feinfühlige Selbstfürsorge schenken
- jemanden aktiv loben und seine Aktion anerkennen, wenn er etwas Gutes und Wertvolles getan hat
- deinen Werten und Lebenserfahrungen entsprechend verantwortungsvoll zu handeln
- nach sorgfältiger Information und Abwägung einen wichtigen Entscheid für dein Leben fällen
- dein ganzes Leben dich darum bemühen, zu reifen, den Sinn deines Lebens zu erkennen, deine Rolle zu finden und zu ihr zu stehen

MANN-SEIN ALS MITTLERER WEG

Bei diesem Thema arbeite ich gerne mit diesem sehr alten Bild aus dem Buddhismus:

> *"Damit die Saite auf einem Instrument schön klingt, darf sie nicht zu stark angespannt, aber auch nicht zu schlaff sein."*

Wir wollen einen **mittleren Weg** zwischen den Polaritäten des Mannseins beschreiten.

- Weder die negative, unsensible, egoistische und überschiessende Kraft **des Machos** auf der einen Seite
- noch die völlig verunsicherte, schwächliche und geschlechtsneutrale Haltung einer **Softie-Molluske** sind anzustreben.

Beide Extreme verursachen uns Männern und unserer Gesellschaft viel Leid und Probleme.

In der Mitte arbeiten wir mit den positiven, lebensbejahenden Kräften der beiden Pole; hier erleben wir das Miteinander von Mut, Stärke, Sensibilität und Fürsorglichkeit.

Hochsensible Männer möchte ich speziell im Bereich Mut und Stärke unterstützen, während ich bei normal sensiblen Männern tiefe Sensibilität und Fürsorglichkeit fördern will.

In meiner Art der Männerarbeit möchte ich Männern dabei helfen, in dieser Mitte anzukommen und mit den positiven Seiten dieser beiden Kräfte einer aktuellen Männlichkeit gleichmässig und ausbalanciert zu leben.

DER ATEM - GEBEN UND NEHMEN

Nun wollen wir unseren panoramischen Blick weiterziehen lassen auf den Berggipfel und uns noch anderen Aspekten des Elementes LUFT widmen:

Mit unserem Atem sind wir mit der Luft, der Atemluft verbunden. Beim Atmen ist das Einatmen bewusst oder meist unbewusst aktiv – ich sauge die Luft ein und fülle meine Lungen – und das Ausatmen passiv – ich lasse einfach los und die Lungen leeren sich automatisch. Wie erwähnt kann ich das bewusst tun, wenn ich z. B. Atemübungen mache oder den Atem als Objekt meiner Meditation nehme, oder unbewusst, gesteuert durch mein vegetatives Nervensystem, das als „Autopilot" übernimmt, wenn ich nicht darauf achte.

Beim Einatmen nehmen wir hauptsächlich Sauerstoff als essenziellen Nährstoff in uns auf – und beim Ausatmen stossen wir CO_2 und andere flüchtige Abfallstoffe wieder aus – z. B. Laktat nach einer heftigen, körperlichen Betätigung. Die Atmung ist also ein wichtiger Anteil des Stoffwechsels unseres Organismus.

Alle Asthmatiker erleben hautnah, wie bedrohlich es ist, nicht mehr richtig ein- oder ausatmen zu können. Oder Menschen mit einem sog. Schlafapnoe-Syndrom, die viel schnarchen, werden immer müder und kraftloser, weil sie im Schlaf „Aussetzer" haben und dann nicht mehr richtig atmen, was u. a. zu einem Abfall der Sauerstoffsättigung im Blut führt.

Aber: Unsere Atemqualität beim Aus- und Einatmen verrät uns auch untrüglich viel über unser Leben und unsere Lebensweise als Männer:

- *Kann ich ebenso voll ein- wie ausatmen?*
- *Wage ich wirklich, mir ganz tief meinen (Einatmen-)Raum zu nehmen, für mein Leben als Mann, oder hindert mich etwas daran?*
- *Kann und will ich als Mann ebenso viel geben, wie ich nehme, kann ich loslassen, etwas weitergeben?*
- *Kann, darf, will ich genau so viel für mich nehmen, wie ich gebe?*
- *Oder brenne ich als Mann aus (burn-out), weil ich immer mehr hergebe oder aus mir herauspresse, als ich für mich selber und meine Gesundheit nehmen kann – will – darf?*
- *Habe ich oder nehme ich mir meine eigene Lebensvision? Oder bin ich ein braver Apparatschik, der nur ein Zahnrädchen sein will oder darf?*
- *Kann ich auch für andere sorgen und für diese nehmen bzw. an diese etwas geben?*
- *Können wir Männer als Kollektiv der Gesellschaft, in der wir leben, oder unserem sozialen Umfeld so viel geben, wie wir nehmen?*
- *....*

Beim Atem geht es also um die **Balance zwischen Nehmen und Geben**. Sie ist für mich als Individuum Mann gesund und ausgewogen, wenn ich gleich viel nehmen wie geben kann; es geht immer wieder um den Ausgleich.
Wenn ich, durch meine Geschichte oder durch eine Krankheit bzw. Behinderung bedingt, mir nie soviel nehmen kann oder will, wie ich

eigentlich brauche, um wirklich mein Leben voll und ganz zu leben, dann gerät mein Leben in Schieflage.
Oder andersherum: Wenn ich aus Angst, zu kurz zu kommen, alles für mich nehme und nichts weitergebe, dann werde ich unglücklich sein, obwohl ich so viel habe.
Das Gleiche gilt natürlich auch für mein Sein als Mann im sozialen Umfeld, in der Beziehung, in meiner Familie – kann ich mit anderen zusammen kollektiv atmen und mit ihnen und für sie geben und nehmen?

Der Atem ist ein Faszinosum und es lohnt sich einen Moment innezuhalten und sich mit ihm intensiver zu beschäftigen:

ÜBUNG 14:
Setze dich bequem auf einen Stuhl oder ein Sofa, versuche dich zu entspannen und schliesse deine Augen. Zuerst beobachtest du nur deinen Atem, wie er kommt und geht. Der Atem ist wie die Brandung des Meeres – ein beständiges Kommen und Gehen – und begleitet dich dein ganzes Leben lang.
Es kann dich beruhigen, mit der Achtsamkeit deines Geistes mit ihm zu gehen – ein ... und ... aus ... ein ... und ... aus ... etc.

Zähle langsam beim Einatmen innerlich bis 7, halte den Atem kurz an; ebenso wieder beim Ausatmen zählst du wieder bis 7 und hältst den Atem mit leeren Lungen kurz an.
Wie ist es für dich, voll eingeatmet in der Fülle zu sein?
Und wie ist es ganz leer nach der Ausatmung für einen kurzen Moment zu sterben?
Ist bei dir das Einatmen gleich stark wie das Ausatmen oder musstest du bei einem davon nachhelfen?
Wie ist es bei dir im Moment, jetzt, heute?

Hier käme dann wieder der Eintrag ins Tagebuch – wenn du magst!

DIE LEICHTIGKEIT DES SEINS

Dann gibt es für mich den Zusammenhang von Luft und Leichtigkeit, die sich beim Schweben einer Feder in der Luft zeigt.

Leichtigkeit ist wahrscheinlich nicht gerade eine Eigenschaft, die am häufigsten aufgezählt wird, wenn es um typische Eigenschaften von uns Männern geht; oder wenn, dann nur in einem negativen Kontext … z. B. wenn ein Mann zum „Leichtgewicht" wird, nicht ernst genommen werden kann und so zum Gespött v. a. auch seiner männlichen Kollegen wird …

Spontan kommt mir beim Mich-Verbinden mit diesem Thema aus den **„Five Rhythms"** von **Gabrielle Roth** die Qualität **„lyrical"**, ganz speziell die Variante aus dem 2. Album **„Endless wave"**[34], in den Sinn. Hier können wir tanzend erleben, wie es sich anfühlt, sich ganz leicht und luftig, wie eine Feder oder ein Blatt im Wind zu fühlen. Bei den „Five Rhythms" oder „Fünf Rhythmen" geht es darum, sich beim Tanzen nacheinander mit 5 verschiedenen Qualitäten zu verbinden und diese in sich körperlich zu erfahren. Das Tanzen der 5 Rhythmen kann uns helfen, kreativer zu werden und einen tieferen Zugang zu einer gelebten Vielseitigkeit zu üben, die uns dann als

Männer in den verschiedenen Aspekten unseres Lebens beim Finden von kreativen Lösungen unterstützen kann.

Bei echter Leichtigkeit geht es darum, immer wieder Momente der Unbeschwertheit, der Unbekümmertheit zu haben – **„die Seele baumeln zu lassen"**. Erstaunlicherweise können wir uns selbst auch ganz federleicht fühlen, wenn wir z. B. beim Tanzen einen schweren, muskulösen oder auch übergewichtigen, männlichen Körper bewegen. Es geht darum, mit dem Bild des tanzenden Blattes oder der fliegenden Feder zu sein, und Tanzen ist eine sehr schöne Möglichkeit, dies zu erfahren.

Leichtigkeit beim Loslassen können wir erleben, wenn z. B. unsere Arbeit beendet ist und wir uns entspannen. Gerade dann, wenn wir intensiv und konzentriert gearbeitet haben, können wir uns Leichtigkeit als Belohnung und Ausgleich schenken ... mit einer Massage, in der Sauna, bei einer Entspannungsübung oder bei einem gemütlichen Bierchen und herzhaftem Lachen über ein paar intelligente Witze. Ja, Leichtigkeit hat für mich auch viel mit **Humor** zu tun. Wenn wir lernen, Schwierigkeiten in unserem Leben mit Humor zu begegnen, dann lässt sich herzhaft lachend doch mit vielem viel besser umgehen.

> *Übung 15:*
> *In Analogie zur oben erwähnten Art intensiv zu arbeiten und dann zu ruhen, kann sich deine Hand, wenn du sie z.B. bei der **progressiven Muskelentspannung** (PMR) zuerst mit deiner ganzen Kraft für 30 Sekunden anspannst, dann sehr viel besser entspannen. Versuche es und erfahre den erstaunlichen Effekt!*

Diese Methode kann ich übrigens sehr als Entspannungsübung für den ganzen Körper[41] empfehlen, wenn es darum geht, uns den Übergang von Anspannung zur Entspannung zu erleichtern.

Ein Phänomen, wenn es um den Wechsel zwischen Anspannung und Entspannung geht, sind unsere Hauskatzen; sie können, wenn sie sich sicher fühlen, irgendwo liegen und wenn du ein Pfötchen einer Katze anhebst, ist es ganz leicht und vollkommen entspannt. Dann kann ein Geräusch oder ein Rascheln in der Nähe sie aber auch blitzschnell wieder aufstehen lassen und die Jagd oder das Spiel geht weiter ...
Diese Erkenntnis am konkreten Beispiel meiner Hand weist uns ganz allgemein darauf hin, dass es für unsere Gesundheit und unseren Erfolg entscheidend sein kann, dass wir klar definierte Zeiten von intensiver und engagierter Arbeit haben und dann ebenso klar in unserer Agenda fixierte Zeiten der Entspannung und Regeneration.

Dies geht auch eindrücklich aus einem Buch von **Alex Soojung-Kim Pang** zum Thema **„Pause - Tue weniger, Erreiche mehr"** hervor, wo es um die Wissenschaft des Ausruhens[42] geht. In diesem Buch hat er u. a. die Arbeitsweise von äusserst erfolgreichen und produktiven Autoren wie Charles Dickens etc. untersucht und herausgefunden, dass diese täglich nur eine sehr beschränkte und klar definierte Zeit geschrieben hatten – dies allerdings für Jahrzehnte – um den Rest des Tages irgendetwas anderes zu machen. Tönt einladend, oder?

DER SCHATTEN DER LEICHTIGKEIT - DAS LEICHTGEWICHT

Als Schattenaspekt beim Thema Leichtigkeit fallen mir v. a. Situationen ein, bei denen wir Dinge nicht ernst, sondern auf die leichte Schulter nehmen, die aber wichtig oder gar todernst wären. Vielseitigkeit im Mann-sein heisst neben der Leichtigkeit auch die Schwere, die Ernsthaftigkeit zu kennen und zu leben – dann, wenn es ernst ist! Dann kann Leichtigkeit eine problematische Form sein, bis hin zur Feigheit, sich einer Situation oder einer Person nicht stellen zu wollen.

Dann kommt das „Leichtgewicht" von oben ins Spiel, welches immer, wenn es ernst wird, kneift, dem es an Mut und Selbstvertrauen fehlt.

Mit dieser Schattenseite von Leichtigkeit verbinde ich gerade auch die Problematik bei jungen Männern, die sich nichts richtig zutrauen, überall etwas anfangen und nichts fertig machen, sofort alles wieder hinschmeissen, sich nicht richtig einlassen können – die Schule, die Lehre, das Studium, eine Beziehung etc.
Hier braucht es die Förderung, die Unterstützung des Vaters, des Onkels, des Lehrmeisters, des Sporttrainers, des Mentors, des Männercoaches etc., der ihn dabei begleitet, schwierige Schritte zu tun in seinem Leben – oder der ihn auch mal im richtigen Moment von hinten anschubst, ihm einen Tritt in den Hintern versetzt (das geht meistens auch ohne blaue Flecken!).
Interessanterweise gibt es im **Ayurveda**, einer indischen Heilmethode, den Begriff der sog. Doshas, die u. a. drei grundsätzliche, unterschiedliche Qualitäten von Lebensweisen oder auch Nahrungsmitteln beschreiben. Hier kommt diese Art des allzu leichtfertig-spielerischen, instabilen und tänzerischen Umgangs mit dem Leben im überprortionalen Anteil des Dosha „Vata" bei einem Menschen zum Ausdruck. Gemäss der ayurvedischen Betrachtung gilt es dann, dieses an sich gute und wertvolle Element abzuschwächen und mit dem Stärken der anderen Doshas –„Pitta" (Feuer) und/oder „Kapha" (Erde) – auszugleichen.

In Analogie gilt das natürlich auch für die 5-Elemente-Männerarbeit, wo dann der zu hohe LUFT-Anteil durch die anderen Elemente ausgeglichen werden kann.

RIECHEN UND DUFTEN:

Im Element LUFT geht es auch um das Riechen, den Geruch.

Das Erste, was mir in den Sinn kommt, wenn es um das Riechen geht, ist: das Bild oder Engramm von Männern in schweiss-getränkten Overalls, mit stoppligen 3-Tage-Bärten, bedeckt von Sägespänen – auch im Gesicht und den Haaren – und der Geruch von Baumharz und erhitztem Kettensägeöl. Eine herbe Mischung aus männlichem Schweiss, Benzin, Kettenöl und Harz von Hölzern (mit und ohne

Marlboro). Dieses „natürliche" Parfüm gilt oder galt früher als der Inbegriff der gerochenen Männlichkeit, verlieh Männern eine Aura des Grossartigen und Unbesiegbaren und machte sämtliche Frauen auf dem ganzen Planeten wild und scharf ...

Und dann gibt es da noch die wirklich abschreckenden Beispiele von Männern, die in meinem Gedächtnis auftauchen: Ich hatte einen Chemielehrer am Gymnasium, den ich leibhaftig vor mir sehe und rieche: ungewaschene, strähnige Haare, Rollkragenpullover, Kleider ca. 2 Wochen getragen, „unwiderstehlicher Schweiss"(Urin? Sperma?)-Geruch, Mundgeruch. Die minimale Fluchtdistanz für uns war 10 Meter, alles was näher war, galt als selbstmörderisch ...

Wie riechst du?
Was bedeutet für dich herb und männlich?
Wen magst du und wen magst du nicht riechen?
Wie oft duschst du (auch wenn es nicht nötig ist ...)?
Wie und nach was riechen deine Kleider?
Rauchst du?
Wann warst du das letzte Mal in der Herren-Kosmetik-Abteilung deines Lieblingskaufhauses, um deine Nase zu testen?

Der heutige Mann sollte meiner Meinung nach seinen eigenen, unverwechselbaren, authentischen Duft oder sein „Geruchs-Label" mit sich führen, eine Mischung aus herber Männlichkeit, die von einem gepflegten (aber nicht „porentief-reinen") Körper ausgeht, und Rasierwasser bzw. Deo (Bio!), die heute problemlos überall käuflich erworben werden können.

Das eine oder das andere Extrem ist, so glaube ich, heute weder in der Arbeitswelt noch in der intimen Beziehung oder im Bereich der sozialen Kontakte mehr angesagt (bei den digitalen Kontakten spielt es weniger eine Rolle). Weder der „Stinker" noch die „wandelnde Parfümwolke" sind bei uns Männern glaubwürdig oder sie hinterlassen in uns die Frage, was diesem Mann oder Jugendlichen wohl fehlt.

> Nimmt dir wieder einmal Zeit, dich zu riechen, dich zu pflegen, vor dem Spiegel zu stehen, dich anzuschauen, dich zu mögen!

ALS MANN EINE VISION HABEN

Meinen Erfahrungen und Erkenntnissen entsprechend ist es für einen Mann von entscheidender Bedeutung, wie schon oben darauf hingewiesen, in jedem Lebensabschnitt wieder einmal innezuhalten, eine **Standortbestimmung** vorzunehmen und sich dann für die nächste Zeit **eine Vision** zu geben, die den zentralen Inhalt deines aktuellen Lebens wiedergibt.

Gemäss der anthroposophischen Lehre gibt es in einem Menschenleben Zyklen von 7 Jahre, die jeweils einen neuen Lebensabschnitt bestimmen, eine Neuausrichtung verlangen (7 - 14 - 21 - 28 - 35 - 42 - 49 - 56 - 63 etc.).

Solange wir Kinder sind, ist es an unseren Eltern und Lehrern, diese Standortbestimmungen zusammen mit uns vorzunehmen. Sobald wir erwachsen sind, fällt diese Verantwortung an uns.

Wenn wir nach einer Vision suchen oder durch eine bestimmte Methode uns von ihr finden lassen wollen, dann lohnt es sich, uns ganz tief mit unseren **alten Wurzeln, unseren „Roots"** zu beschäftigen, die mit unserer Herkunft als Menschen und Männer zu tun haben. Diese Wurzeln verbinden uns beispielsweise mit der Kraft unserer Ahnen des Familienstammbaums, mit der spezifischen Kraft der männlichen Ahnenlinie hinter uns (Väter-Grossväter-Urgross-väter etc.) oder auch mit der Kraft einer alten Kultur, von der wir abstammen, wie z. B. die Kelten (Helvetier – CH = Confoederation helvetica) oder hier im Ostschweizer Kanton Graubünden mit der urchigen Energie der Walser, die einst aus Platznot vom Kanton Wallis über die Berge kamen, sich hier niederliessen und ihre ganz eigene Kultur begründeten.

Traditionellerweise hatten die alten Stammesgesellschaften unserer Ahnen immer wieder während ihres Lebens **Initiationen** zu bestehen, welche sie in eine nächste Lebensphase führten. Damit verbunden waren Zeiten während der Initiation, wo der Initiant sich in einem sog. **Schwellenraum** befand, wo er dann etwas Neuem begegnete und er sich so seine Vision für die nächsten Monate, Jahre oder für sein ganzes Leben „abholen" konnte.

Im Gedicht **„Der Schwellenraum"** von **Pablo Picasso** kommt die Erfahrung der Visionssuche schön zum Ausdruck:

Ich suche nicht, ich finde.
Suchen, das ist das Ausgehen
von alten Beständen
und ein Finden wollen
von bereits Bekanntem im Neuen.
Finden, das ist das völlig Neue,
das Neue auch in der Bewegung.
Alle Wege sind offen,
und was gefunden wird,
ist unbekannt.
Es ist ein Wagnis,
ein heiliges Abenteuer.

> *Die Ungewissheit solcher Wagnisse*
> *können eigentlich nur jene auf sich nehmen,*
> *die im Ungewissen sich geborgen wissen,*
> *die in die Ungewissheit,*
> *in die Führerlosigkeit geführt werden,*
> *die sich im Dunkeln*
> *einem unsichtbaren Stern überlassen*
> *und nicht menschlich beschränkt*
> *und eingeengt das Ziel bestimmen.*
> *Dieses Offensein für jede neue Erkenntnis*
> *im Aussen und Innen:*
> *Das ist das Wesenhafte des Menschen,*
> *der in aller Angst des Loslassens*
> *doch die Gnade des Gehaltenseins*
> *im Offenwerden neuer Möglichkeiten erfährt.*

Die Möglichkeit von echten Initiationen gibt es auch heute noch. Für die Visionssuche eigenen sich v. a. Rituale, die oft von früher, aus den alten Kulturen, stammen, bis heute überdauert haben und heute in aktualisierten Formen ausgeführt werden – z. B. Feuerlauf, Vision Quests etc.

Für mich ist **der Feuerlauf**, den ich vor ein paar Jahren mehrfach absolviert habe, eine sehr eindrückliche Variante einer solchen Möglichkeit (siehe auch Element FEUER). Im Feuerlauf geht es für dich darum, dich in einer mehrstündigen Vorbereitung auf etwas Aussergewöhnliches einzulassen und dir schliesslich etwas vorzunehmen – eine Vision zu entwickeln – für die du dann über das Feuer gehst. Der Gang über das 700 Grad heisse Feuer mit blossen Füssen tut dir körperlich gar nichts, jedoch innerlich, energetisch, vegetativ, geistig und emotional ist nach dem Ankommen jenseits der Glut einiges anders, ver-rückt und du gehst nachher verändert nach Hause.

All diese Formen der heutigen **Visionssuchen** kann ich dir nur wärmstens empfehlen. Im Speziellen soll hier die folgende, von der Ost-Schweiz ausgehende relevante Auswahl von mir bekannten Angeboten erwähnt werden: die Schwitzhütten und Naturrituale bei **„Zwischen den Steinen"** von **Hansheiri Zimmermann**[43], die **MännerQuests** mit **Reinhold Hermann Schäfer** oder **Stefan Gasser Kehl**[44], das **HAKA-Seminar „Iho Tane"** mit dem Maori-Schamanen **Ojasvin**[45] und die **Feuerlaufseminare** bei **Dream-Factory** von Nick Lötscher[19].

Persönlich habe ich initiatische und visionäre Erlebnisse bei chronischen, z. T. wiederkehrenden schweren Erkrankungen (Borreliose, Erschöpfungsdepressionen, Retraumatisierungen etc.) als Momente tiefster Inspiration erlebt, aus denen dann in der Aus-heilungs- und Rekonvaleszenzphase immer wieder grosse Visionen entstanden. Damit sich eine Vision zeigen kann, bedarf es manchmal der unmissverständlichen Kraft einer Krankheit, die dich komplett loslassen, aus deinem Alltags- und Berufsleben austreten lässt und Platz schafft für einen Erneuerungsprozess.

Natürlich ist diese Sichtweise, meinem Verständnis nach, auch ein Element der ganzheitlichen Medizin, die in einem ganzheitlichen Therapiekonzept vorkommen bzw. beinhaltet sein sollte.

> ÜBUNG 16:
> *Wann und wo sind deine Momente der Inspiration?*
> *Wann und wie schlägt bei dir das Buch deines Lebens neue Seiten auf?*
> *Wann hattest du deine letzte Vision für dein Leben?*
> ....

DAS LABYRINTH ALS INITIATISCHER WEG

Und damit kommen wir zu einem meiner Lieblingssymbole: dem Labyrinth als Symbol eines Erkenntnis- und Heilungsweges.

Symbole und Bilder üben auf uns, sowohl früher als auch heute, eine grosse Faszination aus, helfen uns immer wieder, komplexe, vielschichtige Themen besser zu verstehen, und werden heute auch oft für PR-Zwecke ge- und missbraucht. Das Labyrinth ist wohl eines der interessantesten, älteren Symbole der Menschheit, wobei heutige Untersuchungen davon ausgehen, dass die klassische Urform vor ca. 5000 Jahren im Mittelmeerraum entstand und sich von da aus über die ganze Erde ausbreitete.

Es gibt diverse Ausprägungen davon – z. B. kretische, römische und christliche Formen (siehe auch **Gernoth Candolini**[46]). Typisch für diese alten Symbole ist, dass sie zeitlos sind und dass ihnen je nach Zeit und Ort immer wieder eine aktuelle Bedeutung zukommt.
Labyrinthe sind keine Irrgärten, in denen wir verloren gehen oder wo wir irgendwann resigniert umkehren müssen. Der Weg durch das Labyrinth ist sicher, eindeutig, jedoch verschlungen und von aussen nicht erkennbar. Typischerweise ist der Gang hinein zur Mitte ebenso bedeutungsvoll wie der Gang wieder heraus.

In den Medien wird der Begriff Labyrinth oder „wie in einem Labyrinth" praktisch ausschliesslich falsch gebraucht – es geht da fast immer um das Verlorengehen in einem Irrgarten ...!?

So unterscheiden wir 5 Anteile bei einem Gang in ein Labyrinth:

1. Eintritt oder Eingang
2. Weg nach innen
3. Ankunft im Zentrum
4. Weg nach aussen
5. Austritt oder Ausgang

Der Gang durch das Labyrinth verlangt von uns das Vertrauen und die Entschlossenheit für diesen unbekannten Weg durch alle Stationen, damit er vollständig und bedeutungsvoll ist. In den meisten Kulturen ging oder geht man mit einer Fragestellung oder im Kontext einer rituellen Feier in sie hinein, v. a. auch als Initiationsritual.

Die Mitte des Labyrinthes, das Herzstück, ist der Teil des Symbols, wo wir etwas erkennen, wo wir eine Eingebung, eine Vision haben können, wo Erkenntnisse und Antworten auf unsere Fragen auf uns warten bzw. sich uns erschliessen ...

Und der Gang von der Mitte nach aussen widerspiegelt dann die Integration, die Umsetzung einer Erkenntnis im täglichen Leben.

Labyrinth vom Typ Chartres, christlich

LEBENSWEISHEIT - GEISTIG WEISE MÄNNER

Es ist von grösster Bedeutung für unsere Entwicklung als Männer, dass aus all unserem Erkennen und Wissen nach und nach mit zunehmendem Alter **Lebensweisheit** werden kann.
Wie wir in diesem Kapitel gesehen haben, geht es bei einem Weg der Erkenntnis u. a. darum:

- unsere geistige Kraft zu stärken, neugierig zu sein und die Dinge und Zusammenhänge verstehen zu wollen
- uns geeignete Lebenskonzepte zu suchen, die wir sinnvoll finden
- uns mit ganzheitlichen, umfassenden Philosophien zu beschäftigen, die uns einen Kontext geben können
- die Notwendigkeit einer institutionellen Gleichstellung zu sehen
- eine für dich aktuelle Identität und Integrität als Mann zu suchen
- sich mit dem Mann-sein als mittlerem Weg auseinander zu setzen
- in deinem Leben auf eine Ausgewogenheit im Geben und Nehmen zu achten
- Momente der Leichtigkeit und Unbeschwertheit zu geniessen
- deine Rolle und Aufgabe in der Gesellschaft zu finden und nicht zu kneifen
- mit einer oder mehreren Visionen dein Leben zu leben und diese darin umzusetzen
- zu reifen, indem du dich initiatischen Erfahrungen stellst

Wieso sollten wir das alles tun? Warum?

Weil, wie schon **Gillette und Moore**[12] weiter oben sagten, wir und damit die Welt nicht weniger männliche Kraft, sondern **mehr gereifte Männlichkeit** braucht!

Zusammen mit einem Leben als „wilder Mann" im Element FEUER, einer erlebten, körperlichen Fürsorglichkeit des Elementes ERDE, der geistigen Reife des Elementes LUFT, der emotionalen Reifung des Elementes WASSER und derjenigen der spirituellen Dimension des Elementes RAUM/QUINTESSENZ (siehe nächstes Kapitel) entsteht eine Essenz, eine Lebensessenz – **Lebensweisheit** – in deinem Leben. Diese Essenz ist dann deine persönliche Weisheit, gerade auch als Mann, die du dann bei Gelegenheit mitteilen sollst. Dies kann sein, weil du gefragt wirst, oder weil du durch diese Essenz inspiriert bist, ein Buch zu einem Thema zu schreiben oder Vorträge zu halten. Oder im Extremfall kann deine Lebensweisheit sich nur durch die Essenz eines einzigen Wortes ausdrücken oder durch deine Lebenshaltung, durch deine Präsenz oder durch das Glänzen und Lachen deiner Augen in deinem durch das Leben geprägten Gesicht ...

Als ältere Männer und Menschen sind wir aufgerufen und es ist in diesem Lebensabschnitt unsere Aufgabe, unsere Lebensweisheit mitzuteilen und diese bei grossen Veränderungen in der Welt an der Seite der Jungen, die zielstrebig, unwiderstehlich und revolutionär Dinge verändern, einzubringen.

Bei gereifter Männlichkeit und Lebensweisheit geht es auch um Würde, um Bedeutung, um wertvoll zu sein, um eine würdevolle Ausstrahlung, um die Würde des älteren und alten Mannes.

Als ältere und alte Männer haben wir die Aufgabe als Mentoren unsere Lebensweisheit in den Dienst unserer Sippe, Mitwelt, Arbeitswelt, Gesellschaft bzw. einer globalisierten oder heute besser „glokalisierten" Welt zu stellen.

12. Kapitel: das Element RAUM / QUINT-ES-SENZ = der spirituelle, sehende, in sich ruhende, weise Mann

Im Element RAUM oder QUINTESSENZ geht es um das Einbetten unseres Lebens und Wirkens und der Mit-Welt, in der wir leben – als Einzelmann und als Männergesellschaft – in ein grösseres Ganzes. Stellen wir uns einfach einmal einen grossen Raum vor – das Sonnensystem, das Universum, der Himmel etc. – in dem alle Phänomene ihren Platz haben.

DAS FÜNFTE ELEMENT = QUINTESSENZ

Das Element Raum/Quintessenz bietet gemäss der Ansicht von Aristoteles Raum für alle anderen 4 Elemente – sie wohnen quasi in ihm. Als Quintessenz können wir das 5. Element (Quint) als eine Qualität beschreiben, wo gleichzeitig unendlicher Raum und die Essenz, die Reduktion auf das ganz Wesentliche stattfindet. Diese Gleichzeitigkeit zeigt uns eine grundlegend andere Qualität auf als diejenige der klassischen Elemente ERDE, WASSER, FEUER und LUFT. Sie löst die drei Dimensionen in eine vierte auf, bei der mit Logik und intellektuellem Wissen Endstation ist. Sie durchbricht diese sozusagen oder bricht diese auf in eine grössere, weitere Sichtweise der Dinge, **eine spirituelle Dimension**. Im Element Raum/Quintessenz ist deswegen auch – im Gegensatz zu den anderen Elementen – die polare Aufteilung in männlich und weiblich hinfällig, da auf dieser – absoluten – Ebene keine geschlechtliche Unterscheidung mehr möglich und sinnvoll ist.

Und doch gibt es diese Unterscheidung der männlichen und weiblichen Qualitäten in einem erweiterten, viel grösseren Zusammenhang. Im Dzogchen-Buddhismus, in dem ich spirituell zu Hause bin, unterscheiden wir die beiden Symbolgegenstände Glocke und Vajra. Sie symbolisieren **die Weisheit** als urweibliche Kraft und **die Methode** als urmännliche Kraft. Doch mehr dazu später in diesem Kapitel.

MANN UND SPIRITUALITÄT

Gerade für uns Männer ist Religiosität und Spiritualität oft etwas so Unfassbares und Irrationales, dass wir uns lieber mit der für uns „wirklichen" Welt beschäftigen und uns ein bisschen vor Spiritualität scheuen – wie „der Teufel das Weihwasser". Dies ist vielleicht das Merkmal und gleichzeitig eines der Entwicklungsthemen, wo wir Männer uns doch ein bisschen stark von den Frauen unterscheiden; wir können das eindrücklich beim Besuch spiritueller Anlässe erfahren – da ist die Männerquote doch oft bescheiden …

Wir beschäftigen uns lieber mit harten Facts, mit etwas ganz Konkretem, das wir in die Hand nehmen und damit „begreifen", das wir ganz konkret sehen und mit unseren 5 Sinnen erfahren oder wir uns auch virtuell vorstellen können.

Aber viele von uns haben ihn schon erlebt, diesen magischen Moment **der STILLE** gerade in der Natur, wo alles wie verzaubert ist, wo du möglicherweise in etwas eintauchst, etwas erlebst, dass definitiv mehr ist, als nur dein normales Alltags-Ich-Bewusstsein; wo du auf einem Berggipfel oder an einem Bergrücken sitzt und die Landschaft, auf die du blickst, in einem wunderschönen Licht erscheint, wo panoramischer Weitblick plötzlich etwas ganz Natürliches ist, wo du einfach fasziniert und berührt bist von etwas Grösserem, wo du mühelos ein Teil davon wirst und mit diesem in einen Dialog trittst ...

Oder dir kann ein solch magischer Moment auch begegnen, wenn du in deinem hektischen Alltag plötzlich durch etwas tief berührt wirst, durch eine Begegnung, durch ein Lächeln, durch einen duftenden, blühenden Baum, durch wunderschöne Musik – und du dich plötzlich in einer anderen Welt wiederfindest, du urplötzlich „im Auge des Wirbelsturms" ankommst, wo alles ruhig ist, kein Lüftchen mehr geht, wo du spontan den Atem anhältst und staunend in eine unendliche Weite und Grösse hinein lauschst, die sich dir auftut ...

SPIRITUALITÄT ERFAHREN - MIT HILFE UNSERES KÖRPERS

Da wir mit dem 5. Element den Boden des Gewohnten (die vier Elemente) verlassen, kann es nützlich sein, zuerst mit ein paar Übungen mit diesem Element Kontakt aufzunehmen, bei denen wir z. B. die Hilfe unseres Körpers in Anspruch nehmen.
In einem Modul eines früher durchgeführten Männerkurses „Himmel und Erde miteinander verbinden" kommt eine Körperübung vor, die ursprünglich aus der christlichen **Taizé-Bewegung**[47] kommt, mit der wir körperlich und geistig eine Verbindung zwischen dem Himmel (spirituelle Dimension) und der Erde (unserem Dasein auf der Erde) herstellen können. Diese Übung geht folgendermassen:

ÜBUNG 17:

Wiederhole diese Übung fliessend in einem dir angenehmen Tempo 10 - 20 Mal.
Ausgangsposition: Im Stehen die Arme von unten nach oben führen, ab der Hüfte mit gefalteten Händen, über dem Kopf wieder auseinander und die Finger weit in den Himmel strecken.

---

1. *„Ich konzentriere mich auf mich selbst"* (sagen oder denken)
   Die Arme kommen aus der Streckung hinunter und beide Hände werden flach auf die Körpermitte gelegt (Sonnengeflecht/Oberbauch)
2. **„Ich öffne mich für das Draussen: andere Menschen, die Gemeinschaft, die Welt"**
   Beide Arme langsam weit horizontal öffnen und von sich strecken.
3. **„Ich blicke auf das, was mir in meinem Leben wichtig ist."**
   Die Arme langsam verschränken und die Hände übereinander auf die Brust legen.
4. **„Ich muss loslassen lernen: all das was ich lieb habe, was ich halten möchte, muss ich lernen los zu lassen, spätestens im Tod."**
   Die Hände langsam öffnen und nach unten führen zur Erde hin. In die Knie gehen und Handflächen auf den Boden.

Hier ist diese Form zu Ende und geht so wieder über den Anfang weiter.

Nimm dir einen Moment Zeit, diese Übung nun auszuführen!

Du kannst diese spezielle „christliche Chi Gong"-Übung dafür verwenden, dich ganz bewusst immer wieder mit „einem himmlischen Raum" zu verbinden; aber sie eignet sich auch gut dafür, ein lebendiges Miteinander von Himmel und Erde zu erleben und dich damit z. B. am Morgen auf deinen Tag einzustimmen.

SPIRITUALITÄT ERFAHREN - MIT HILFE DES GEISTES

Als weitere Treppenstufe beim Einstieg in dieses Kapitel möchte ich eine Übung aus der **Integralen Lebenspraxis**[34] verwenden. Die Übung heisst **„Das 1-2-3 Gottes"** und ich habe sie durch meine eigenen Worte leicht angepasst.

Diese Übung zeigt uns die Bandbreite einer göttlichen - oder sagen wir allgemeiner einfach spirituellen - Erfahrung auf, die möglich ist:

1. So gibt es die Erfahrung von **Göttlichkeit in mir selber** (1. Person); diese kennen wir v. a. durch die östlichen Formen der Spiritualität, z. B. den Buddhismus - wo es darum geht sich selber als einen lebendigen Buddha zu erkennen. Uups ... was ganz schön beängstigend sein kann ...
2. Hingegen ist die Erfahrung davon in der 2. Person die Form der **Gotteserfahrung als DU**, die uns am besten bekannt ist, da die meisten von uns in einer christlichen Konfession aufgewachsen sind ...
3. Schliesslich wird auch von vielen Göttlichkeit in der 3. Person z.B. in der Natur erfahren, wo wir zu einem **Teil eines grossen Ganzen** werden.

ÜBUNG 18: das 1-2-3 Gottes

- *Göttlichkeit ist mein eigenes ursprüngliches, höheres Selbst, ein vollkommener Teil in mir, zu dem ich Kontakt aufnehme und mit dem ich mich in mir verbinden kann (1.Person).*

- *Ich erlebe Göttlichkeit und kommuniziere mit ihr als unendliches, vollkommenes Du, das für mich sorgt, mit dem ich spreche, zu dem ich bete und das mich in meinem Alltag begleitet (2.Person).*

- *Ich betrachte Göttlichkeit als alles, was ist – die Natur oder die grosse Vollkommenheit dieses und jedes Augenblickes (3.Person).*

Was ist Deine Form der Spiritualität heute?

Aus ganzheitlicher Sicht ist keine davon besser oder legitimer oder wertvoller, sondern es sind alles mögliche Formen einer echten, gelebten und wahrhaftigen Spiritualität. Wie wir später sehen werden, kommen in vielen Religionen – mir gefällt die Bezeichnung **Weisheitstraditionen** – auch mehrere dieser 3 Wahrnehmungsmöglichkeiten und Formen vor.

MEINE PERSÖNLICHE, SPIRITUELLE GESCHICHTE

Ich selber bin ursprünglich christlich-reformiert erzogen worden, verspürte aber bald schon als junger Erwachsener einen grossen „Hunger" nach tiefen, spirituellen Erfahrungen, die ich in dem Umgang mit dem Christentum, das wir in unserer Familie praktizierten, nur in ganz bescheidenem Umfang erlebte. Meine Grossmutter väterlicherseits war für mich Auslöser und auch Vorbild für das Ausbrechen aus der herkömmlichen, christlich geprägten Kultur um mich herum. Sie hatte sich ebenfalls als Suchende nach dem frühen Tod meines Grossvaters, der bereits mit 54 Jahren verstorben war, aufgemacht und sie wurde in einem lokalen Antiquariat in Chur fündig, wo sie eine vollständige Ausgabe (Kanon) der Schriften des Theravada-Buddhismus und auch viele andere Bücher aus den reichen spirituellen Traditionen Indiens und Asiens erwarb und anschliessend las. So wurde sie Buddhistin und dies zu einem Zeitpunkt, wo dies bei uns sehr unüblich war. Bei Besuchen bei ihr zu Hause und später im Altersheim sprachen wir beide viel über Spiritualität, sie lieh mir Bücher aus und so sprang sozusagen der Funke auf mich über und ich setzte als Suchender diese doch recht ungewöhnliche, spirituelle Tradition in meiner Familie fort.

Dabei bin ich dann in so manchem Meditations-Seminar oder spirituellen Vortrag gelandet, habe viele Bücher gelesen – von und bei **Tom Johanson, Sri Chinmoy, Sri Aurobindo, Keith Sherwood** ... und fand schliesslich 1997 durch das Buch **„Das tibetische Buch vom Leben und Sterben"**[48] von Sogyal Rinpoche den Zugang zum tibe-tischen Buddhismus. Und da fand ich ein üppiges, reichlich gedecktes Buffet vor, das meinen Appetit und Hunger nach spiritueller

Nahrung endlich stillen konnte. Ich war dann mehrere Jahre in der Zürcher Gruppe (Sangha) der Organisation **Rigpa**[49] dabei (Zu diesem Zeitpunkt hatte ich noch keinerlei Kenntnisse über die Missbrauchs-Übergriffe von Sogyal Rinpoche). Dann führte mich mein Weg weiter zu der Organisation **Shenpen**[50], die durch **S.E. der 7. Dzogchen Rinpoche, Jigme Losal Wangpo**, angeleitet wird. Auf diese Weise bin ich innerhalb der letzten 25 Jahre meines Lebens ganz tief mit dem tibetischen Buddhismus und speziell mit der Dzogchen-Tradition in Berührung gekommen, was meine Sicht, mein Verständnis und meine persönliche Erfahrung darüber, was eine gelebte Weisheitstradition heisst, für immer und nachhaltig veränderte.

Diesen Ausflug in meine persönliche Geschichte möchte ich mit einer Empfehlung von **S.H. dem 14. Dalai Lama** beenden, der an einem seiner öffentlichen Vorträge und Seminare im Zürcher Hallenstadion der letzten Jahre darauf hinwies, dass es seiner Meinung nach essenziell ist, sich vorerst einmal ganz tief und längere Zeit mit einer der alten und grossen **spirituellen Haupttraditionen**, die vorzüglich gerade vor Ort praktiziert wird – Christentum, Islam, Judentum, Buddhismus, Hinduismus etc. – zu beschäftigen. Erst dann empfiehlt er, sich auch mit anderen spirituellen Traditionen zu beschäftigen und auch diese kennen-zulernen, um so ein sog. *spiritual shopping* (überall ein bisschen naschen ...) zu vermeiden. So hat mich, auf der Basis und in der Verwurzelung in meinen tiefen, tibetisch-buddhistischen Erfahrungen und Erkenntnissen, dann in den letzten Jahren insbesondere die Beschäftigung mit dem Sufismus[51] einerseits, einer mystischen Tradition des Islam mit mehreren Schulen, und mit der integralen Spiritualität von Ken Wilber[52] andererseits fasziniert und weitergebracht.

MEDITATION

Eine der direktesten, niederschwelligsten Türen zu einer eigenen spirituellen Erfahrung als Mann ist meiner Meinung nach das Erlernen einer Form der Meditation.

Stille Meditation ist eine Form der interreligiösen Gemeinsamkeit, ein Raum, wo wir uns losgelöst von jeglicher religiöser oder spiritueller Tradition begegnen können, wo wir einen gemeinsamen Raum teilen, in dem es keine trennenden Faktoren gibt. Ich habe früher einmal ein Buch gelesen, wo Seine Heiligkeit, der Dalai Lama, eingeladen wurde, an einem anglikanisch-christlichen Konvent teilzunehmen und gewisse Bibel-Textpassagen aus der buddhistischen Sicht heraus zu interpretieren. Dabei gab es zu Beginn und am Schluss jedes Tages eine gemeinsame Sequenz von stiller Meditation. Diese schuf eine verbindende, non-verbale Gemeinsamkeit.

Ich war anfangs dieses Jahrtausends einmal für ein paar Jahre in einer Gruppierung („Tag der Achtsamkeit"), in der sich Vertreter aus ganz verschiedenen spirituellen Richtungen in Chur regelmässig zusammenfanden, um sich gegenseitig verschiedene spirituelle Traditionen und Meditationsformen vorzustellen. Als verbindendes und allen bekanntes Element am Anfang und am Ende dieser Treffen führten wir jedesmal auch wieder eine stille Mediation durch – ohne Anleitung und ohne speziellen Inhalt.

Ich möchte dir nun eine grundlegende Form der Meditation aus der **tibetisch-buddhistischen Dzogchen-Tradition**[53] vorstellen, die ich sel-ber seit ca. 2 Jahrzehnten ausführe:

MEDITATION 1:
Schau, dass du für die nächsten 15 - 30 Minuten Ruhe hast und dich nichts ablenken kann. Setze dich in aufrechter Haltung auf ein Sitzkissen oder auf einen Stuhl. Zünde dir eine Kerze an und wenn du magst, ein Räucherstäbchen.

- *Sitze mit geradem Rücken – wie ein Stapel Goldmünzen aufeinander – ohne anzulehnen; lehne dich dabei ganz leicht nach hinten.*
- *Die Augen sind halb geschlossen und sind, ohne auf etwas zu fokussieren, weit in den Raum vor dir gerichtet.*

- *Atme durch den halb offenen Mund (nicht durch die Nase) ein und aus; die Zunge legst du dabei mit der Spitze locker an den Gaumen.*
- *Deine Hände liegen entspannt und offen auf deinen Oberschenkeln.*
- *Konzentriere dich auf deinen Atem, wie er aus- und einströmt; atme dabei ein und fülle 3/4 deiner Lunge.*
- *Wenn du magst, dann halte nach einer Weile nach dem vollständigen Ausatmen deinen Atem kurz an und achte auf die STILLE, die entsteht.*
- ....

Am Anfang, wenn du beginnst, in dieser Form zu meditieren, ist es möglich, dass du alles andere als Stille erlebst oder nur ganz kurze Momente davon; das ist ganz normal.

Was sehr hilfreich ist, ist, wenn du dich einer Meditationsgruppe[53] anschliesst und so die Unterstützung und Anleitung durch die Gruppe erhältst; so wird nachher das Meditieren alleine auch einfacher.

AUSFLUG IN DEN TIBETISCHEN BUDDHISMUS - DZOGCHEN

Im tibetischen Buddhismus gibt es zwei Herangehensweisen, die grundlegend verschieden sind: der tantrische und der sutrische Weg. Beim tantrischen Weg geht es grundsätzlich um die Gewinnung von Erkenntnissen, Einsichten und Weisheit **durch die persönliche Erfahrung**. Im Westen wurde Tantra in den letzten hundert Jahren neu als Einbezug der Sexualität in einen spirituellen Weg interpretiert und hat mit der ursprünglichen Form des tantrischen Weges nur be-dingt zu tun. Beim sutrischen Weg geht es dann um **das Studium** der Sutren, **der heiligen Texte** als Weg der Erkenntnis und Weisheit.

Wichtig ist auch die Unterteilung in die 3 Fahrzeuge – die drei Janas: Hinayana (das kleine Fahrzeug), Mahayana (das grosse Fahrzeug) und Vajrayana (das diamantene Fahrzeug). Dies sind drei verschiedene Ausprägungen des Buddhismus gemäss den sog. 1.–3. Umdrehungen des Dharma-Rades – drei Lehrzyklen des Buddha.

Dann gibt es die Unterscheidung in die sog. Nyingma- und die Sarma-Schulen des tibetischen Buddhismus. Die Nyingma-Schulen gründen auf der ersten Übersetzung des ursprünglich aus Indien (Nalanda) kommenden Buddhismus ins Tibetische und haben einen starken tantrischen Anteil; die Sarma-Schulen sind spätere, neu interpretierte Übersetzungen des Buddhismus, die z. T. mehr den Sutra-Weg beschreiten (Kagyü, Sakya, Gelug).

Die Dzogchen-Tradition ist eine der 7 grossen Nyingma-Schulen, die einen ausgeprägt starken, tantrischen Buddhismus lebt und vermittelt. Sie gehört dem Vajrayana an.

KONTEMPLATION

Kontemplation ist die geistige, achtsame, intuitive Auseinandersetzung mit einem spirituellen Vortrag (Belehrung), Text oder Bild. Dabei geht es darum, zu schauen, was dieses Objekt in uns für weitere Gedanken, Analogien, Bilder und Erkenntnisse hervorruft.

So möchte ich dich nun in die Erfahrung eines traditionellen Bildes, das so typisch ist für die tantrische Dzogchentradition, bringen. Vom Inhalt her geht es um die Erfahrung der „Kostbarkeit des menschlichen Lebens".
In der Dzogchen-Tradition gibt es grundsätzlich eine mündliche Übertragung bzw. Vermittlung der Lehren vom Lehrer zum Schüler und so habe ich dieses Bild von meinem Lehrer[26] erhalten. Mit diesem durch den Text entstehenden Bild können wir einfach kontemplativ verweilen:

KONTEMPLATION 1:
In einem riesigen und tiefen Ozean schwimmt eine Meeresschildkröte. Sie taucht nur alle 10'000 Jahre ein Mal auf, um Luft zu holen. Und auf diesem Ozean schwimmt ein Ring.

> Dieses Lehrbild besagt nun, dass die Wahrscheinlichkeit, dass die Schildkröte genau zum Zeitpunkt des Auftauchens und Luftholens mit dem Kopf durch den Ring trifft grösser ist, als die Wahrscheinlichkeit in ein kostbares, menschliches Leben geboren zu werden ...
>
> *Lass nun dieses Bild mit diesen Angaben in dir nachwirken, in dich hinein sinken und sitze ganz achtsam damit.*
>
> *Was erfährst du dabei?*
>
> ....

Dieses Bild soll uns aufzeigen, dass wir uns – buddhistisch gesehen – sehr glücklich schätzen dürfen, dass es ein Privileg ist, als Mensch geboren worden zu sein. Uns erscheint vielleicht unser Mensch-Sein als völlig normal, als sozusagen selbstverständlich oder als nichts speziell Wertvolles oder als etwas gar eher Degeneriertes – dies ist aber aus dieser Optik heraus nicht so.

Denn dieses Privileg, die **„Kostbarkeit der menschlichen Geburt"**, bezieht sich darauf, dass wir nur als Menschen Zugang zu einer spirituellen Dimension haben und auch sehr fortgeschrittene Zustände (Erleuchtung) erlangen können. Im Weiteren bezieht sich dieses Privileg auch auf die Lebensbedingungen, die wir antreffen bzw. in die wir hineingeboren werden. So erleben wir hier in der Schweiz privilegierte Lebensumstände, die sich in Wohlstand, sozialen Netzen, Frieden, Freiheit, Gerechtigkeit und relativer Gesundheit widerspiegeln; aber in diesem Kontext v. a. auch in der Freiheit und dem freien Zugang zu spirituellen Lehren unserer Wahl.

Bei der Meditation und Kontemplation als spirituelle Praxis geht es um das Aufwachen (Waking up), das Aufwachen, in dem wir erkennen, dass wir neben körperlichen, vegetativen, emotionalen und mentalen Wesen eben auch **spirituelle Wesen** sind (1. Person).

Als eine spezielle Kontemplation können wir nun das in der Übung 18 betrachtete integrale Verständnis des „1-2-3 Gottes" noch weiter konkretisieren, wo in gewissen Weisheitstradition alle 3 möglichen

„göttlich-spirituellen Erfahrungen" als 3 verschiedene Zustände erlebt werden können.

> Aus der Sicht des Buddhismus bestehen wir, als spirituelles Individuum (1. Person, „der Buddha in mir selbst") und als Student mit dem Lehrer (2. Person, „der Lehrer als Spiegel des Studenten, der hilft den Buddha in ihm zu wecken"), gleichzeitig aus diesen relativen Teilen und einem absoluten Anteil (3. Person, „das persönliche Licht im Herzen vereinigt sich spontan mit dem unendlichen, grossen Licht") - wie die zwei Flügel eines Vogels, die dieser benötigt um fliegen zu können.

WEISHEIT (WEIBLICHES PRINZIP) UND METHODE (MÄNNLICHES PRINZIP)

Bei der Betrachtung der ursprünglichen und grundlegenden Kräfte des Universums im Kontext des Dzogchen kommen wir hier noch einmal auf die Symbole der **Ghanta (Glocke)** und des **Vajra (Donnerkeil)** zu sprechen. Selbstverständlich haben diese Symbole noch viele weitere, tiefgründige Bedeutungen, auf die wir hier nicht eingehen wollen.

Wie schon angetönt geht es beim Symbol der Glocke um **die** urweibliche Kraft **der Weisheit** und beim Vajra um die urmännliche Kraft **der Methode**.

Um eine Aktivität oder Handlung vollkommen werden zu lassen, benötigen wir zuerst die Sicht, die weise Erkenntnis, was die tieferen Ursachen, Bedeutungen und Zusammenhänge sind, die dahinterstehen und die jetzt zu ihr führen. Um sie jedoch dann in die Tat umzusetzen, braucht es die Methode, die dafür sorgt, dass diese Aktivität dann auch wirklich passiert – zum grösstmöglichen Nutzen aller Beteiligten. Mit dieser urmännlichen Kraft können wir etwas Gestalt, Form annehmen, sichtbar werden lassen bzw. auf die Erde bringen.

Jedoch beide Anteile ...
- eine Handlung (im Aussen) auszuführen, ohne sie reflektiert, sich etwas vorher zu ihr überlegt oder realisiert zu haben oder
- nur die Meditation, sich innerlich Gedanken und Bilder zu etwas machen (im Innen), ohne es dann in die Tat umzusetzen

für sich alleine sind unvollständig und haben oft wenig, einen ungewollten oder gar keinen Effekt.

> BILD 2:
> Als Beispiel nehmen wir: Ich will zu meiner Frau während der Heiratszeremonie etwas Bedeutungsvolles sagen.
>
> Da werde ich mir vorgängig lang und tief Gedanken machen, mir einen Text zurechtlegen, diesen immer und immer wieder durchgehen, um ihn von seiner Bedeutung her noch weiter zu vertiefen, bis er möglichst das ausdrückt, was ich möchte.
> Und dann kommt der Moment wo ich diesen Text möglichst fehlerfrei oder auf dessen Basis dann frei sprechend unter extremen Bedingungen im Antlitz des Nahestehenden vortrage.
>
> Erst dann ist die ganze Kraft, die Kraft der tiefen Vorbereitung **innen**, und die Kraft der Performance **aussen** als Ganzes präsent und wird seine Wirkung nicht verfehlen ...

So besitzt hier die grundsätzliche Kraft des Männlichen in der Methode eine grössere Dimension, die sich z. B. auch in der Schaffenskraft von uns Männern zeigen kann (Planung und Bau des Eiffelturms). Bei der intuitiven Kontemplation einer Sinngebung können wir uns dann auch für die grundsätzlich weibliche Kraft der Weisheit öffnen.

In meiner persönlichen Wahrnehmung kann diese Symbolik durchaus verwendet werden, wenn es darum geht, sich mit der grundlegenden, tieferen Bedeutung von Männlichkeit als urtümliche Kraft auseinanderzusetzen. Diese Formen der Männlichkeit und Weiblichkeit zeigen uns, losgelöst von der geschlechtlichen Dimension, zwei sich ergänzende, universelle Kräfte, die beide grosse Bedeutung haben.

DER WEISE MANN

Und als Männer können wir schliesslich durch die vertiefte Auseinandersetzung unserer praktischen Lebenserfahrung als Mann, Partner, Vater und Berufsmann etc. mit einer spirituellen Philosophie und deren Schriften (Sutra) und Anwendung einer spirituellen Praxis (Tantra) – mit welcher Weisheitstradition auch immer – im Verlauf unseres Lebens dann schliesslich auch zu weisen Männern werden – dafür müssen wir aber in diesem Sinn spirituell erwacht (wake up) sein ...!

Da ich es gewohnt bin und auch so erzogen wurde, mich seit der Schule und dem Studium mit viel Literatur, Büchern und auch mal mit philosophischen Werken auseinanderzusetzen, ist mir persönlich gerade der Erfahrungsweg als Gegengewicht sehr bedeutungsvoll geworden. Ohne diesen oben geschilderten tantrischen Ansatz hätte ich niemals diese spirituellen Erfahrungen machen können, die ich in den letzten 20 Jahren erleben durfte.

> Aber: Wissen und Erfahrung ist nicht automatisch Weisheit!

So kann auch ein eindrückliches, breites, an Hochschulen oder Universitäten erworbenes Wissen und tiefe Lebenserfahrung zu einer höchst beschränkten Sichtweise führen, die ganzheitlich bzw. integral betrachtet unvollständig ist, ja sogar durch ihre Einengung der Sicht für uns Menschen problematisch und gefährlich werden kann. Beispiel dafür: die wissenschaftlich erforschte und weltweit angewandte Atomtechnologie, deren verhältnismässig kurze Nutzung nur mit grossen Gefahren, mit einem hochproblematischen Ausstieg und mit einer langfristig sehr beschränkten Nachhaltigkeit (einmal abgesehen von der CO_2-Neutralität) erkauft wurde.

Für mich gibt es keine Weisheit als Mann (und Frau), ohne eine **tiefe und integrierte spirituelle Praxis**. Wie wir schon eingangs dieses Kapitels gesehen haben, ist das Charakteristische des 5. Elementes das Überschreiten der Erkenntnisse der 4 klassichen Elemente: Als Quintessenz können wir das 5. Element (Quint) als eine Qualität beschreiben, wo gleichzeitig Essenz, die Reduktion auf das ganz Wesentliche und unendlicher Raum stattfindet.

> Wenn **Weisheit** sich offenbart, dann ist sie in meiner Erfahrung oft als spontaner Moment des Erstaunens sehr einfach (essenziell) und erst auf den zweiten Blick werden die Dimensionen der Tiefe und Breite sichtbar, erfahrbar – die Weite und Ausdehnung; charakteristisch ist, dass sie sich dann in der Gleichzeitigkeit von Essenz und Weite zeigt – was für unseren Intellekt absolut unsinnig und unlösbar ist, diesen auf die Barrikaden bringt oder verstummen lässt.

Die Qualität der Weisheit ist in einem alltäglichen Kontext weder durch logisches Ergründen (IQ), noch durch tiefe Emotionalität (EQ) erfahrbar, sie sprengt die menschliche Dimension von Körper/Vegetativem, Emotion und Geist/Intellekt. Die Erfahrung von Weisheit heisst, sich mit einer universell gültigen Präsenz und Erkenntnis zu verbinden und in uns Instrumente bzw. Orte zu entdecken und zu schulen, die diese Weisheit erkennen und uns mit ihr verbinden können.

Für die spirituelle Erfahrung von Weisheit ist es sinnvoll, sich einer heutigen **Weisheitstradition** zuzuwenden und unter deren Anleitung einen eigenen Zugang dafür zu finden. Die meist uralten Weisheitstraditionen dieser Welt sind alle in der Lage, uns in ihrer ursprünglichen und wahren Essenz mit Weisheit in Verbindung zu bringen, diese erleben zu lassen. Dabei kann unser Geist (LUFT) eine nützliche Komponente sein, denn oft steht auf der obersten Ebene einer Weisheitstradition noch ein intellektuell verständlicher Teil, sozusagen als Einstiegspforte für uns westliche Menschen offen. Aber erst die Überschreitung der intellektuellen Ebene eröffnet uns die ganze Dimension.

So habe ich in einem einwöchigen Seminar mit S.H. dem 14. Dalai Lama vor ein paar Jahren im tiefen Studium eines tibetisch-buddhistischen Textes erleben dürfen (sutrischer Weg), wie in der sog. Gelugpa-Schule die Untersuchung und Analyse eines Textes solange fortgesetzt und vertieft wird, bis der normale Geist aufgibt, da nichts mehr übrig geblieben ist ...

Und nun möchte ich dich mit dem bereits erwähnten tantrischen Ansatz aus der Dzogchen-Tradition mit einem zweiten Bild vertraut machen und dich so möglicherweise vielleicht auch ein bisschen mit diesem speziellen, bildlich-kontemplativen Ansatz einer spirituellen Weisheitserfahrung „benetzen":

KONTEMPLATION 2:
In den buddhistischen Lehren wird unser Körper als Teil der relativen, weltlichen Ebene traditionellerweise mit einer Vase verglichen, in der unser persönliches Licht als Individuum enthalten ist. Demgegenüber gibt es die absolute Ebene des unendlichen, ursprünglichen Lichtes der Weisheit, die in der Weite und im Raum um uns herum existiert. Sie hat die Qualität der Sonne und strahlt ununterbrochen, bedingungslos überall gleichzeitig hin (dies tut sie, auch wenn wir unter einer Wolken- oder Nebelschicht auf der Erde festsitzen). Spätestens wenn wir sterben, zerbricht die Vase und unser individuelles Licht kehrt zurück in das grosse, unendliche Licht. Dann erkennen wir, dass wir eigentlich immer ein Teil des grossen Lichtes gewesen sind und verschmelzen wieder ganz natürlich mit diesem. Und es ist wichtig, dass wir einerseits so erkennen, dass wir ursprünglich aus dem grossen Licht „geschöpft" in die Vase kamen; und andererseits, dass wir durch die Öffnung oben in der Vase immer und ununterbrochen unser ganzes Leben lang mit dem grossen Licht in Verbindung gewesen sind oder nie davon getrennt waren ...

Hier erleben wir die spirituelle Dimension in der 1. und 3. Person.
Nimm dir nun ein paar Minuten Zeit, um mit diesem Bild und der Erfahrung der Tiefe zu sein. Setze dich dieser Erfahrung aus!
...!!!

Jetzt wollen wir uns, aus der Beschäftigung mit unseren alten spirituellen Wurzeln kommend, auch mit neuen potenziellen, spirituellen Wurzeln der heutigen Zeit beschäftigen. Dabei erinnern wir uns an das Bild des Baumes im Kapitel Seite 29.

INTEGRALE SPIRITUALITÄT

In der integralen Arbeit um den amerikanischen Philosophen Ken Wilber am **Integral Recovery Institute** [9] gibt es die Slogans:

- **Wake up = Aufwachen, spirituelles Erwachen**
- Grow up = Aufwachsen, sich entwickeln
- Clean up = Aufputzen, Schattenarbeit
- Show up = Aufstehen, sich zeigen, aktiv werden

Im Element RAUM geht es nun in diesem Kontext um das schon oben erwähnte Erwachen, **ein spirituelles Erwachen**. Es geht um das Erwachen und Erkennen einer anderen, weiteren Dimension. Dabei ist es integral wiederum primär unwesentlich, welcher Form der Spiritualität wir uns zuwenden, solange diese inhaltlich nicht die weiteren Slogans ausklammert oder verneint. Indem wir erkennen, dass wir Teil einer grösseren Dimension sind oder diese sogar sind (3. und 1. Person). Dies verändert unsere Wahrnehmung der Welt oder des Raumes, in dem wir leben. Integral betrachtet ist das Erwachen essenziell und ein „must", ohne das wir uns nicht wirklich entwickeln können.

Um den Einstieg in die Meditation in der heutigen Zeit zu erleichtern, möchte ich dir neben den uralten, traditionellen Methoden auch noch ein ganz neues, der integralen Bewegung nahestehendes Tool vorstellen: Es geht um die Anwendung von **iAwake Technologie**[54] („where science meets stillness") oder wo sich Wissenschaft und Stille treffen.
Amerikanische Tüftler, Wissenschaftler und Musiker haben eine Technologie entwickelt, die mit einem bioenergetischen Audio-Trainingssystem arbeitet – ein ganz und gar tantrisches, jedoch ganz modernes System (Experience Deep).

Und so einfach geht das: Du lädst dir ein paar gratis Tracks von deren Homepage (www.iawaketechnologies.com) runter, installierst sie auf deinem Computer, Smartphone, iPod oder Tablet, nimmst dir einen Kopfhörer, der diesen Namen verdient, und los geht es!

Neben vielen anderen Effekten (Abbau von Stress, Angstzuständen und Depressionen etc.), die auch von unabhängigen Wissenschaftlern bestätigt werden, ermöglicht das Hören dieser Tracks schon nach kurzer Zeit recht tiefe Meditationszustände zu erreichen.

Wer es dann ganz abgefahren mag, dem empfehle ich nach oder auch einmal während der Einübung einer traditionellen Meditationsmethode, z. B. Dzogchen, dann die Kombination von dieser mit iAwake gleichzeitig! Das fährt meist gut ein und wird schon bald dein Leben verändern ... Und dabei mag ich besonders die Zusammenführung von Altem und Neuem auf Augenhöhe – eine wirklich ganzheitliche, integrale Spiritualität (siehe auch später in diesem Kapitel „Die 4-Schritte-Mediation")!

DAS SPIRITUELLE HERZ

Im Element RAUM/QUINTESSENZ gibt es – neben den vielseitigen Bedeutungen in den anderen Elementen – das spirituelle Herz. Für mich, was meine eigene, persönliche, integrale Spiritualität betrifft, ist das Herz – physisch und energetisch – die Schnittstelle zwischen relativer und absoluter Ebene.

Wenn wir uns in einer spirituellen Tradition im Sinne des erfahrungsmässigen (tantrischen) und mystischen Ansatzes vertieft haben ...

- christlich/mystisch,
- jüdisch, kabbalistisch,
- buddhistisch/tantrisch,
- islamisch/sufistisch,
- etc.

... dann zeigt sich uns eine Verbindungsstelle, eine organisch-energetisch-spirituelle Schnittstelle in uns, in unserem Körper, wo die absolute oder göttliche oder universelle Ebene mit der relativen, körperlich-vegetativen-emotional-mentalen Ebene miteinander kommuniziert – **das Herz**, die Herzgegend, das Herz-Energie-zentrum (Herzchakra).

In meiner Erfahrung ist es – wie in der anschliessend geschilderten 4-Schritte-Meditation angedeutet – das offene, strahlende Herz, durch das sich die absolute Dimension des unendlichen, grossen, väterlich-mütterlichen, leeren und so unglaublich vollen Raums auftut. Durch mein Herz kann ich sozusagen in diesen absoluten Raum lauschen, achtsam und staunend lauschen und diese Ebene der Weite, der Sprachlosigkeit, der Anfangs- und Endlosigkeit, des immateriellen Reichtums erleben, von wo ich letztendlich spirituell auch herkomme und wohin ich wieder zurückkehre. An dieser Schnittstelle kann mein Licht mit dem grossen, unendlichen, universellen, göttlichen Licht verschmelzen.

DEINE MEDIATIONSECKE

Schön ist es, wenn du dir irgendwo in deiner Wohnung oder deinem Haus in einem Raum eine Meditationsecke einrichten kannst, die du nicht immer wieder auf- und abbauen musst. Da kannst du dann, wenn du magst, einen kleinen Altar oder Schrein hinstellen, auf dem Bilder und Gegenstände sind, die dich inspirieren und Bilder dahinter aufhängen. Dann gehört noch ein Sitzkissen oder ein Stuhl dazu, auf dem du bequem sitzen kannst. Schmücke dein Mini-Heiligtum gemäss deinem Gusto: eine Blume oder Pflanze, ein schönes Tuch, eine Kerze, Räucherstäbchen, Musik, deine Lieblingssteine etc. oder eben auch gemäss einer speziellen Tradition. Bitte vergiss aber nicht, dass das **dein persönlicher Meditationsort** ist, der genau so aussehen darf, wie es dir am besten gefällt und wie er dich am meisten inspiriert – daheim bei dir selber darf es keine Dogmen oder spezielle Regeln geben, nur diejenigen, die für dich wichtig und wertvoll sind!

So bekommt deine eigene Spiritualität dann zu Hause einen offiziellen Ort – ein Zuhause in deinem Zuhause. Wichtig ist auch, dass du da die Türe schliessen kannst, wenn du in einer WG, mit einer Partnerin oder deiner Familie zusammenwohnst. Und an der Türe hängt ein Schild „Bitte nicht stören"; es ist gut, wenn du deine Meditationszeit und deinen Ort dafür mit deiner Familie absprichst und die Zeit dafür auch in deine Agenda einträgst.

Wann meditierst du am besten, am Morgen früh, wenn noch alles still ist? Oder mittags, abends? Probiere es einfach aus!

Natürlich kann das auch ein besonderer Ort in der Natur oder die örtliche Kirche, die dafür buchstäblich offen ist, sein, die du regelmässig besuchen und wo du deine Meditationen und Kontemplationen abhalten kannst.

Jedoch hat der persönliche, spirituelle Ort zu Hause auch die für dich spezielle Bedeutung, dass du deiner eigenen Spiritualität einen Platz, eine Präsenz, eine Wichtigkeit in deinem Leben zugewiesen hast ...

DIE 4-SCHRITTE-MEDITATION

Diese Meditation, meine Eigenkreation, ist eine Zusammenführung uralter, traditioneller Spiritualität (tibetischer Buddhismus – Dzogchen) mit modernen, wissenschaftlich belegten Methoden (z. B. Hearthmath[26], iAwake[54]) und psychotherapeutischen Ansätzen. Es ist eine Form des **integralen Buddhismus**, des Buddhismus in einer modernen Form – des sog. „Buddhismus der vierten Umdrehung des Dharmarades" oder in englisch "Fourth Turning Buddhism"[55].

MEDITATION 2: DIE 4-SCHRITTE-MEDITATION ©:

Diese Meditation ist in vier Schritte aufgeteilt und gemäss deinem Wunsch und der Zeit die dir zur Verfügung steht, kannst du nur einen Schritt, mehrere Schritte oder alle 4 Schritte praktizieren. Bitte sorge dafür, dass du während der Meditation nicht gestört wirst.

---

1. *Schritt: Achtsamkeit, zur Ruhe kommen*
   Wir sitzen auf einem Meditationskissen oder auf einem Stuhl an einem ruhigen Ort mit unseren Augen halb geschlossen bzw. halb offen und konzentrieren uns auf unseren Atem, der langsam ein- und ausströmt, in dem unser Bauch sich wölbt und wieder flach wird. Nach einer Weile stellen wir uns ein Glas mit schlammigem Wasser vor, in dem das Wasser ganz langsam klarer wird, weil der Schlamm sich nach und nach am Boden setzt. Wenn wir starke Gedanken haben, stellen wir uns einen Tresor vor mit dicken Wänden und einer Türe, die sicher verschlossen werden kann. Dann nehmen wir die Gedanken, legen diese für den Moment in den Tresor und schliessen die Türe ab mit einem Schlüssel.

2. *Schritt: Herzöffnung*
   Wir atmen weiterhin ganz bewusst und lenken nun dabei unsere Achtsamkeit auf unser physisches Herz bzw. die Herzgegend. Dann stellen wir uns einen Moment in unserem Leben vor, in dem wir uns geliebt und umsorgt gefühlt haben und atmen diese Liebe in unser Herz hinein. Wenn unser Herz sich öffnet, dann aktivieren wir hiermit die Herzintelligenz, das Herz-Hirn, und dieses beginnt unser autonomes Nervensystem und andere vitale Funktionen in unserem Körper zu koordinieren.

3. *Schritt: Transformation*
   Falls uns immer noch starke Gedanken und Gefühle beschäftigen, dann visualisieren wir, wie wir diese aus dem Tresor nehmen, zum Transportieren in eine grosse (Seifen)Blase bringen und diese dann mit dem Herzen verschmelzen lassen. In unserem offenen, lebendigen und strahlenden Herzen mit seiner Herzintelligenz werden diese Gedanken und Emotionen dann transformiert, in eine Antwort, in eine positive Idee gewandelt oder sie lösen sich einfach im unendlichen Raum des Universums auf.

> **4. Schritt: tiefes Lauschen**
> Wir nehmen das Bild des Lichtes in unserem Herzen und lassen dieses mit dem riesigen, unendlichen, endlosen Licht des Himmels und des Universums verschmelzen. Wir **sinken in die offenen, liebevollen Arme unseres ursprünglichen Zuhauses, unseres spirituellen Vaters oder unserer spirituellen Mutter, woher wir letztendlich herkommen.** Mit dem endlosen, universellen Raum verschmolzen, lauschen wir tief und achtsam in seine Stille und entspannen uns ....

SCHATTENASPEKTE DES ELEMENTES RAUM/QUINTESSENZ

Wie wir bereits bei den anderen Elementen erfahren haben, gibt es auch beim Element RAUM/QUITESSENZ Schattenaspekte:

Eine der grössten Gefahren im Umgang mit Spiritualität (westlich oder östlichen Ursprungs), ist das sog. **„Spiritual Bypassing**[56]**"** oder die **„Spirituelle Umgehung".** Schon 1984 hat der amerikanische Psychologe und Buddhist John Welwood dies erkannt und postuliert (Zitat sinngemäss ins Deutsche übersetzt):

> „Bei dem Begriff der spirituellen Umgehung oder Überbrückung geht es darum, dass spirituelle Überzeugungen und Praktiken dazu benutzt werden, die Auseinandersetzung mit schmerzhaften Gefühlen, ungeheilten seelischen Wunden und persönlichen Wachstumsprozessen zu umgehen bzw. auszulassen."

Wenn du Englisch gut verstehst, dann kannst du dich mit diesem Thema im Buch von **Robert A. Masters „Spiritual Bypassing - when Spirituality disconnect us from what really matters"**[57] ganz grund-legend und vertieft auseinandersetzen, was ich dir sehr empfehlen kann.

Meine persönliche Erfahrung ist: Beim tiefen Eintauchen in den tibetischen Buddhismus bin ich unter anderem auch auf „Kellerleichen" – z.B. meine Hochsensibilität und meine frühkindlichen Traumata – gestossen und die damit verbundenen tiefsten Gefühle von Wut, Aggressivität und Scham. Der Versuch, diese Themen einfach in meinen Meditationen und spirituellen Praxen auszusitzen oder aufzulösen, ist mir definitiv nicht gelungen und ich habe darum in den letzten Jahren u. a. mit einem Traumatherapeuten und einem integralen Psychologen und Coach an diesen Themen gearbeitet.

Nur mit dem Einbezug von **Schattenarbeit** – als Möglichkeit, morsche und tote Wurzeln und Äste an unserm Baum zu erkennen, sie als Teil von uns anzunehmen, sie schliesslich als Teil unserer Schönheit anzuerkennen oder zu Humus werden zu lassen – ist tiefe, innere Arbeit in dir als Mann und in uns als Männerkollektiv als Entwicklung und in diesem Sinne wahrhaftiger Fortschritt möglich.

Letztendlich ist natürlich weder die Vermeidung, sich mit Spiritualität bzw. der eigenen Religiosität überhaupt auseinanderzusetzen, noch die Umgehung aller unliebsamen Lebenserfahrungen als Mann und Mensch durch eine Form der spirituellen Umgehung oder „Abkürzung" eine Option.

Um ein reifer, weiser Mann zu werden, braucht es beides:

- das Finden deiner eigenen Form der Spiritualität und
- die bewusste, innere Schattenarbeit mit deiner persönlichen Geschichte.

13. Kapitel: GANZ UND GAR MANN SEIN - Aufbruch in eine vollblütiges, kraft-strotzendes, wildes, liebevolles und reifes Mann sein

In diesem Kapitel wollen wir uns zum Schluss noch einmal zusammenfassend mit den elementaren Hauptkräften des Mann-seins beschäftigen. Diese sind:

1. DEN WILDEN MANN IN DIR WECKEN!
2. DEINE WUT ALS SCHAFFENSKRAFT LEBEN!
3. DEINE SEXUALITÄT ALS LEBENSENERGIE GENIESSEN!
4. BEGEISTERUNG UND FREUDE AUSSTRAHLEN!
5. DIR UMFASSENDE SELBST-FÜRSORGE SCHENKEN!
6. DA WO DU BIST WIRKLICH ZUHAUSE SEIN!
7. ABNABELUNG VON DER MUTTER VERVOLLSTÄNDIGEN!
8. HERZÖFFNUNG ALS SCHLÜSSELARBEIT!
9. IM ATMEN GLEICH VIEL GEBEN UND NEHMEN!
10. EINE VISION FÜR DICH HABEN UND SIE UMSETZEN!
11. DEINE MEDITATIONSFORM FINDEN UND PRAKTIZIEREN!
12. IN DER MAGIE DER STILLE & MEDITATION RUHEN!

Wenn du nun mit den **12 Hauptkräften des Mann-seins** zu arbeiten beginnst, dann wollen wir uns dieser Kräfte und der Zusammensetzung der Elemente, die mit ihnen verbunden sind, noch einmal bewusst werden:

1. **DEN WILDEN MANN IN DIR WECKEN**

   Elemente: FEUER, ERDE, WASSER UND RAUM/QUINTESSENZ.

   Wenn der wilde Mann in dir erwacht, dann fühlst du dich sehr kraftvoll, vital, strahlend, dynamisch, aufrecht, wach, voller Freude und Lebenslust, geerdet, voll und ganz in dem Moment zu Hause, in dem du gerade lebst. Mit der ÜBUNG 1 auf Seite 7 – die du für dich auch modifizieren kannst – weckst, belebst und vitalisierst du dich immer wieder, wie Asterix mit dem Zaubertrank! Dazu Sound und Bewegung!

2. **DEINE WUT ALS SCHAFFENSKRAFT LEBEN**

   Elemente: FEUER, WASSER, LUFT und RAUM/QUINTESSENZ.

   In der geübten, ausgewogenen Anwendung aller damit verbundenen Elemente lässt sich die Kraft der Wut positiv, kreativ, befruchtend, reinigend und völlig gewaltfrei anwenden. Es entsteht dann der Herzenswut-Krieger in dir. Auf dem Weg dahin kümmerst du dich zuerst auch ausgiebig um die Schattenaspekte in diesem Thema.

   An dieser für uns Männer sehr herausfordernden Kraft ist es machmal sehr schwierig, allein zu arbeiten; hier empfehle ich dir eine befristete Unterstützung und Begleitung durch ein ganzheitliches Männercoaching (z.B. www.ganz-und-gar-mann-sein.ch/5-elemente-coaching-angebote/).

3. DEINE SEXUALITÄT ALS LEBENSENERGIE GENIESSEN

Elemente: FEUER, ERDE, WASSER, LUFT und RAUM/QUINTESSENZ.

Ganzheitliche Sexualität beinhaltet den Sexualtrieb, die Errektion, die Libido, dann auch Intimität, Berührung und Sinnlichkeit, tiefe Gefühle der Verschmelzung und Liebe, tiefe und offene Gespräche über Sex und auch tantrische Elemente, wo auch noch die Spiritualität in der Sexualität einen Platz bekommt.

Auch hier ist es wichtig und gut, wenn du zu diesem Thema noch in deinen Schatten schaust!

4. BEGEISTERUNG UND FREUDE AUSSTRAHLEN

Elemente: FEUER, WASSER, LUFT und RAUM/QUINTESSENZ.

Die Kraft der Begeisterung und Freude hat mit der Überwindung einer Angst in uns zu tun und ist am trefflichsten im Gedicht von Marianne Williamson (Antrittsrede von Nelson Mandela) zu spüren:

> *"Unsere tiefste Angst ist nicht, dass wir unzulänglich sind,*
> *Unsere tiefste Angst ist, dass wir unermesslich machtvoll sind.*
> *Es ist unser Licht, das wir fürchten, nicht unsere Dunkelheit.*
> *Wir fragen uns: „Wer bin ich eigentlich, dass ich leuchtend,*
> *begnadet, phantastisch sein darf?"*
> *Wer bist du denn, es nicht zu sein?*
> *Du bist ein Kind Gottes.*
> *Wenn du dich klein machst, dient das der Welt nicht.*
> *Es hat nichts mit Erleuchtung zu tun, wenn du schrumpfst,*

> *damit andere um dich herum, sich nicht verunsichert fühlen.*
> *Wir wurden geboren, um die Herrlichkeit Gottes zu verwirklichen, die in uns ist.*
> *Sie ist nicht nur in einigen von uns, sie ist in jedem Menschen.*
> *Und wenn wir unser eigenes Licht erstrahlen lassen,*
> *geben wir unbewusst anderen Menschen die Erlaubnis, dasselbe zu tun.*
> *Wenn wir uns von unserer eigenen Angst befreit haben,*
> *wird unsere Gegenwart ohne unser Zutun andere befreien."*

Mit dem Lesen dieses Gedichtes kannst du dich immer wieder an diese Kraft anschliessen. Lies es dir laut vor!

5. DIR UMFASSENDE SELBST-FÜRSORGE SCHENKEN

Elemente: ERDE, WASSER, LUFT

In dem du dir umfassende Selbstfürsorge gibst, sorgst du im umfassenden Sinn für Nahrung für dich als menschliches Wesen und als Mann. Du sorgst für Fitness, Wellness, gutes Essen, Berührung und Intimität, gute Gespräche, holst dir gute Inputs und verwöhnst dich immer wieder so richtig „nach Strich und Faden"! Aufgepasst: auch hier lauern Schattenaspekte auf dich – schau sie an!

6. DA, WO DU BIST WIRKLICH ZUHAUSE SEIN

Elemente: ERDE, WASSER, LUFT und RAUM/QUINTESSENZ

Bereite dir ein schönes, warmes, einladendes, helles Heim, wo es viele Dinge gibt, die dich wohlfühlen lassen, wo du zur Ruhe kommen kannst und wo du dich wirklich zu Hause fühlst – und nicht bei jemand anderem zu Hause bist. Wenn du mit jemandem zusammenlebst, dann solltest du einerseits mindestens einen Raum haben, der nur für dich ist und den du nur so einrichtest, wie es dir gefällt; andererseits sollten alle gemeinsam genutzten Räume als „Co-Produktion" von dir und der oder den anderen Personen, die mit dir leben, eingerichtet sein.

Gibt es einen Schatten in dir, der sagt, dass du das nicht verdient hast? Dann höre ihn und tue es trotzdem!

7. **ABNABELUNG VON DER MUTTER VERVOLLSTÄNDIGEN!**

Elemente: FEUER, WASSER, LUFT

Für uns Männer ist die definitive Abnabelung vom stark weiblich-mütterlichen Anfang und dessen Prägung unseres Lebens von zentraler Bedeutung, um physisch, vegetativ, emotional und mental autonom, selbstbestimmt und ganz tief in uns drin unser Mann-sein annehmen, ehren und feiern zu können. Diese Arbeit ist dann in unseren Beziehungen zu Frauen noch zu vertiefen, da unser Verhalten und unsere Emotionen darin uns immer wieder Feedback geben, wie weit wir schon gekommen sind ... Abnabeln heisst dabei nicht, keine Beziehung einzugehen oder als Single zu leben, sondern zu erkennen, dass Mann-sein gut und anders ist.

Auch hier bitte im Spiegel (der Frau als Gegenüber) deinen Schatten betrachten – hinter dir!

8. **HERZÖFFNUNG ALS SCHLÜSSELARBEIT**

Elemente: FEUER, ERDE, WASSER, LUFT und RAUM/QUINTESSENZ.

Die Entdeckung, die Erkenntnis von und die Arbeit mit deinem Herzen als Zentrum deines menschlichen und männlichen Wesens ist für dich als Mann unablässig. Ohne die Erschliessung und Öffnung deines Herzens auf allen Ebenen – physisch, vegetativ, emotional, mental und spirituell – ist es nicht möglich, ein lebendiger, lebensbejahender, reifer und schliesslich ein weiser Mann zu werden – geschweige denn, ganz und gar Mann zu sein.

9. IM ATMEN GLEICH VIEL GEBEN UND NEHMEN!

Elemente: LUFT, WASSER, ERDE, FEUER

Als Lebewesen auf dieser relativen Welt sind wir, solang wir leben, der Polarität des irdischen Lebens unterworfen. Der Atem als Spiegel der Ausgewogenheit von Geben/Ausatmen und Nehmen/Einatmen hilft uns eine Balance in der zwangsläufigen Dualität des Lebens zu finden. Dabei ist es gut, gleich viel zu geben wie zu nehmen. Schau immer wieder, ob du eine Tendenz hast, zu viel zu geben oder zu viel zu nehmen, und bringe dich wieder in Balance, indem du gleichmässig ein- und ausatmest!

10. EINE VISION FÜR DICH HABEN UND SIE UMSETZEN

Elemente: FEUER, WASSER, LUFT, ERDE und RAUM/QUINTESSENZ

Bei der Vision für dich und dein Leben können sich der zündende, intuitive Gedanke, die (er)zeugende Kraft der Sexualität und diejenige, die diese in die Welt bringt (Inkarnation), verbinden. Diese Kräfte zu verbinden heisst, zuerst den Mut zu haben, dich auf eine Visionsreise einzulassen, dann deine Vision in allen Details zu sehen, zu spüren und zu fühlen – z. B. bei einem Initiationsritual, Feuerlauf – diese dann schliesslich ganz konkret werden und sie in dieser Welt Gestalt annehmen zu lassen. Hier geht es um die Verbindung einer Idee, einer Zeugung und einer Geburt.

11. DEINE MEDITATIONSFORM FINDEN UND PRAKTIZIEREN

Elemente: RAUM/QUINTESSENZ, ERDE, WASSER, LUFT UND FEUER

Zum heutigen Mann-sein gehören Momente und Zeiten der Ruhe, der Einkehr und der Meditation. Finde einen Ort in deinem Zuhause, in der Natur oder in einer Gruppe, wo du regelmässig meditieren kannst. Erlerne eine Meditationsform, die dein Sein mit seinen Bauchgefühlen, Gefühlen, Gedanken und einem höheren Selbst als Teile in dir bejaht und all diesen einen Platz gibt, ohne etwas davon zu unterdrücken. Die 4-Schritte-Meditation auf den Seiten 225–227 ist eine Möglichkeit, in diesem Sinn zu meditieren.

12. IN DER MAGIE DER STILLE & MEDITATION RUHEN

Elemente: RAUM/QUINTESSENZ, ERDE, WASSER, LUFT und FEUER

Um die einzigartige Qualität und die grosse Tiefe der STILLE ausgiebig zu erfahren, kannst du dich in ein Meditations-Retreat, in ein Kloster oder in eine Hütte in den Bergen begeben, wo du längere Zeit ohne zu sprechen ungestört bist. Du kannst die Stille noch mit Fasten verbinden, falls du das möchtest, dann ist aber viel Erfahrung oder eine erfahrene Begleitung nötig. Einerseits wirst du erfahren, wie laut die Stille sein kann. Andererseits ist es immer wieder erstaunlich, verblüffend, berührend und eindrücklich, was mit dir passiert, wenn du längere Zeit einfach in die Unendlichkeit hinein lauschst, in den offenen, riesigen, leeren und doch so vollen Raum des Universums ...

ÜBUNG 18:
Es ist gut, als Mann auf dem Weg zum „Ganz-und gar Mann-sein" sich dir nun

★ **jeden Tag = 15 Minuten**
★ **jede Woche = 1 Stunde**
★ **jeden Monat = 1 Tag und**
★ **jedes Jahr = 1-2 Wochen**

vorzunehmen, sich immer wieder daran zu erinnern, alle 5 Elemente und ihre Hauptkräfte nebeneinander in deinem Alltag bewusst zu leben. Welches Element, welche Hauptkraft solltest du gerade stärken? Schau dir dann die 12 Hauptkräfte nochmals an und lies, wenn du willst, das dazugehörige Kapitel im Buch noch einmal. Okay?

Und hier wäre natürlich auch der Ort, um noch einmal auf meine Angebote
- zum Beratungsgespräch für Männer bzw. zum Männercoaching auf meinen Homepages hinzuweisen:
- https://www.ganz-und-gar-mann-sein.ch/5-elemente-coaching-angebote/ oder direkt beim Institut
- https://www.ganzheitliches-institut-schweiz.ch/taetigkeitsgebiete-beratung/beratung-coaching/

Ganzheitliche Männerarbeit
GANZ UND GAR MANN SEIN

Ich stehe dir in den oben genannten Angeboten physisch (analog) und auch via Skype, Zoom, Wire (digital) gerne zur Seite, damit du Unterstützung, Nahrung und Freude hast an der Entwicklung deiner ganz persönlichen, individuellen Form des Ganz-und-gar-Mannseins!

Zum Schluss hoffe ich, dass dir die Reise in die ganzheitliche Männerarbeit bzw. in die 5-Elemente-Männerarbeit mit mir gefallen hat.
Ich hoffe, ich konnte mit diesem Buch etwas dazu beitragen, dass du und andere Männer inner- und ausserhalb der Männerbewegung ein paar Orientierungshilfen bekommen haben für eine zeitgemässe, starke, freudvolle und fürsorgliche Identität als Mann und dass es dir gelingt, **deinen wilden Mann** zu finden, zu leben und Zeit deines Lebens am Leben zu erhalten …

Literaturhinweise und Links:

1. Emil Neff (†) langjähriger Leiter und Begründer der Herberge Casa Betulla in Tegna (TI); https://www.stiftung-lebenstraum.ch/casa-betulla
2. Pablo Picasso; Gedicht „der Schwellenraum"; siehe Anhang
3. Männer Netzwerk Schweiz; https://maenner-netzwerk-schweiz.ch/
4. Björn Thorsten Leimbach; www.maennlichkeitleben.de; Buch „Männlichkeit leben"; ISBN 978-3831902859; auch Herzenkriegertraining HK
5. Robert Augustus Masters; „To be a Man - a guide to true masculine power; 2015; sounds true Verlag, Boulder CO 80306
6. Phil Collins; Album „…But Seriously", Titel „Hang In Long Enough"; 1989
7. Jean Gebser; Homepage der Jean Gebser Gesellschaft: http://www.jean-gebser-gesellschaft.ch/entree.html
8. Ken Wilber - die integrale Philosophie; www.intergrallife.com
9. Integral Recovery Institute; www.integralrecoveryinstitute.com; „Essential integral recovery practices"
10. Tom Falkenstein; Buch „Hochsensible Männer - mit Feingefühl zur eigenen Stärke"; Junfermann Verlag 2017; ISBN 978-3-95571-493-2
11. Oliver Domröse; „Der sanfte Krieger - ein Mutgeber für hochsensible Männer"; 978-3741871818
12. Roger Moore & Douglas Gillette; Buch „König, Krieger, Magier, Liebhaber, Initiation in das wahre männliche Selbst durch kraftvolle Archetypen; ISBN-13: 978-3956590115
13. Elisabeth Davis & Carol Leonard, Buch „Im Kreis des Lebens", ISBN-978-3935581752
14. Padmasambhava (Graham Coleman, Thupten Jinpa); Buch „Das Tibetische Totenbuch"; Arkana Verlag; ISBN-978-3-442-33774-3
15. siehe auch maenner.ch; www.maenner.ch
16. Astrid Leila Bust & Björn Thorsten Leimbach; Buch „Zu einander finden; Ellert & Richter Verlag; ISBN 978-3831907007
17. Aaron Kipnis & Elizabeth Herron; Buch „Wilder Frieden - das Experiment einer neuen Partnerschaft zwischen Frauen und Männern"; rororo Sachbuch; ISBN: 3-499-60241-5; nur noch antiquarisch erhältlich
18. A. Kipnis & E. Herron; Buch „What Women & Men really want"; ISBN 978-0-9745091-29

19. Zwei meiner Feuerläufe habe ich mit Dream Factory bei Nick Lötscher gemacht; www.dream-factory.ch; eine gute Adresse wenn Du es wagen möchtest ...
20. Steven Biddulph; „Männer auf der Suche - sieben Schritte zur Befreiung"; beustverlag; ISBN 978-3453869035
21. Gedicht von Marianne Williamson, zitiert von Nelson Mandela;
22. Dr.med. Rüdiger Dahlke; www.dahlke.at
23. „ERNST", das Gesellschaftsmagazin für den Mann; https://www.ernstmagazin.com/#
24. Aargauer Zeitung; „Jedes fünfte Opfer ist ein Mann"; link leider gelöscht
25. Gyalwa Dzogchenpa, www.dzogchen.org.in
26. Heartmath; untersucht die psychophysiologische Wirkung Stress, Gefühlen und die Wechselwirkung zwischen Zentralnervensystem und Herz; www.heartmath.com
27. Bernie Zilbergeld „Die neue Sexualität der Männer"; ISBN 978-3871590993
28. Femjoy; www.femjoy.com
29. ewa tantra in Zürich oder Bern; www.ewa-tantra.ch
30. David Deida; https://david-deida.de/von-deida/ oder https://deida.info/
31. seismart.de; redaktionell geprüftes Ratgeber-Portal; www.seismart.de
32. Bellicon; www.bellicon.com
33. Gabrielle Roth, „Endless Volume 2"; lyrical (serene); 2000; oder http://www.5rhythms.ch/ oder dann https://www.5rhythms.com/
34. Wilber, Patten, Leonard, Morelli; „Integrale Lebenspraxis - körperliche Gesundheit, emotionale Balance, geistige Klarheit, spirituelles Wachstum"; Kösel Verlag; ISBN 978-3466345458
35. Dr.med.dent. Thomas Rüedi; Buch „Zähne ganzheitlich behandeln", Pro Business Verlag Berlin, 2016; ISBN 978-3864604034, Bezug auch online über die Instituts-Homepage - https://www.ganzheitliches-institut-schweiz.ch/allgemeines/shop-buecher-cd/ - möglich
36. D. Goleman; „Emotionale Intelligenz"; ISBN 978-3423360203
37. www.herzintelligenz.de, VAK-Verlags GmbH
38. Max Peschek; Zeitschrift „Integrale Perspektiven Nr. 12, März 2009
39. Enzyklopädie der Wertvorstellungen; wertesysteme.de
40. https://de.wikipedia.org/wiki/Ritterlichkeit
41. YouTube-Beispiel; „Progressive Muskelentspannung nach Jacobsen - lange Version PMR Muskelentspannung", Marc Steinbeck Berlin

42. Alex Soojung-Kim Pang, „Pause - Tue weniger, erreiche mehr"; Arkana Verlag 2017; ISBN 978-3442342228
43. Zwischen den Steinen, Naturrituale und Schwitzhütten mit Hansheiri Zimmermann; www.zwischendensteinen.ch/männer/
44. MännerQuest, Initiationsprojekte und Visionssuchen für Männer mit Reinhold Hermann Schäfer; www.reinhold-schaefer.de oder Stefan Gasser Kehl, www.maenner-initiation.ch/index.php/weiteres/stefan-gasser-kehl/
45. Iho Tane, HAKA-Seminar mit Ojasvin; in der Schweiz organisiert von maenner.gr; www.grandmothershealinghaka.com
46. Gernot Candolini; https://www.labyrinthe.at/labyrinthe
47. Taizé, Internationaler ökumenisch-christlicher Männerorden; www.taize.fr/de
48. Sogyal Rinpoche, „Das tibetische Buch vom Leben und Sterben; Otto Wilhelm Barth Verlag; ISBN 978-3426875285
49. Internationales Netzwerk Rigpa mit einer Vertretung in der Schweiz: www.rigpa.ch
50. Internationales Netzwerk Shenpen mit einer Vertretung in der Schweiz: www.shenpensuisse.org
51. Reshad Feild, „ Ich ging den Weg des Derwisch - Das Abenteuer der Selbstfindung"; Goldmann/Arkana Verlag; ISBN 978-3499604560; weitere Werke; und diverse Gedichtwerke von Mevlana Celaleddin Rumi.
52. Ken Wilber, „Integrale Vision - eine kurze Geschichte der integralen Spiritualität"; Kösel Verlag 2011; ISBN 978-3466345083
53. Gyalwa Dzogchen Sangha; Einführung in die buddhistische Meditation; www.shenpensuisse.org/studium-und-praxis
54. iAwake Technologies, Science meets Stillness; Gratis Downloads auf www.iawaketechnologies.com
55. Integraler Buddhimus / Fourth Turning; https://integrallife.com/fourth-turning-buddhism-series/
56. John Welwood; http://www.johnwelwood.com/articlesandinterviews.htm
57. Robert A. Masters; „Spiritual Bypassing - when spirituality disconnects us from what really matters"; North Atlantic Books 2010, Berkeley; ISBN 978-15564390